ROBOT
DESCUBRE LAS MÁQUINAS DEL FUTURO

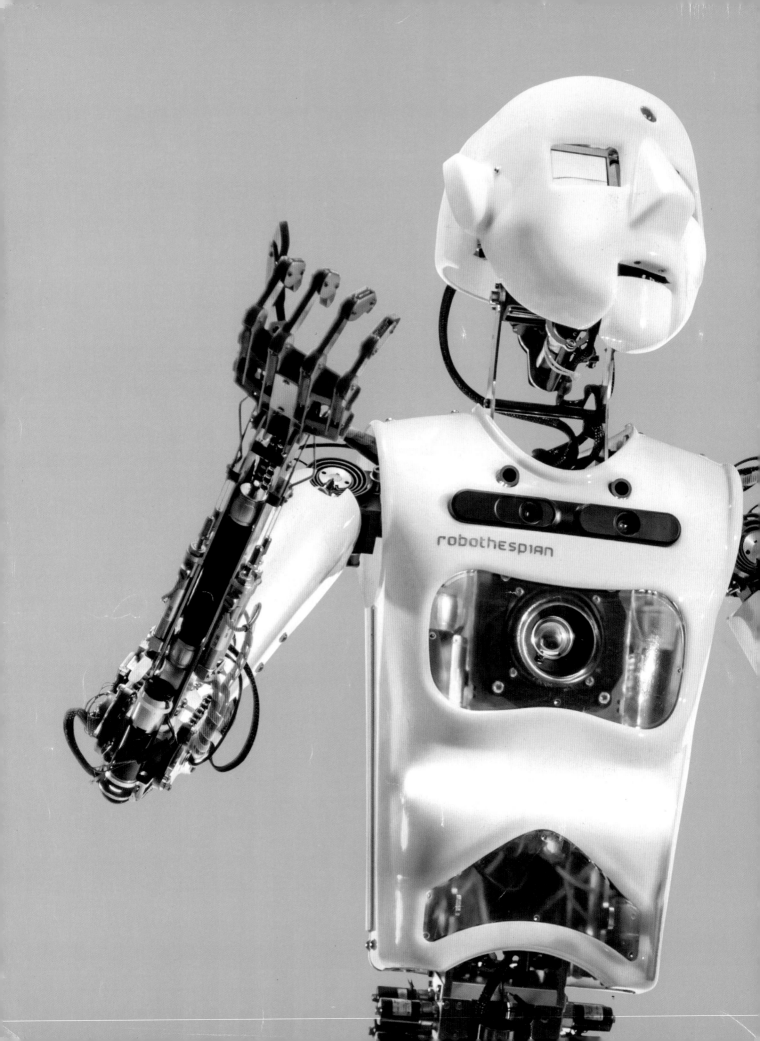

ROBOT

DESCUBRE LAS MÁQUINAS DEL FUTURO

DK LONDRES
Edición sénior Steven Carton
Edición de arte sénior Smiljka Surla
Documentación gráfica Nic Dean
Fotografía Ruth Jenkinson
Diseño de cubierta Smiljka Surla, Surabhi Wadhwa-Gandhi
Edición de cubierta Amelia Collins
Dirección de desarrollo del diseño de cubierta Sophia MTT
Producción, preproducción Andy Hilliard
Producción sénior Alex Bell
Dirección editorial ejecutiva Lisa Gillespie
Dirección ejecutiva de la edición de arte Owen Peyton Jones
Dirección editorial Andrew Macintyre
Subdirección editorial Liz Wheeler
Dirección de arte Karen Self
Dirección de diseño Phil Ormerod
Dirección general editorial Jonathan Metcalf

DK DELHI
Edición sénior Bharti Bedi
Edición de arte sénior Shreya Anand
Edición Charvi Arora, Aadithyan Mohan
Edición de arte Revati Anand
Asistencia de la edición de arte Baibhav Parida, Srishti Arora
Diseño de cubierta Juhi Sheth
Coordinación editorial de cubierta Priyanka Sharma
Diseño DTP sénior Harish Aggarwal
Diseño DTP Nand Kishor Acharya,
Pawan Kumar, Vikram Singh
Dirección ejecutiva de la edición de cubierta Saloni Singh
Dirección de preproducción Balwant Singh
Dirección de producción Pankaj Sharma
Dirección ejecutiva editorial Kingshuk Ghoshal
Dirección ejecutiva de la edición de arte Govind Mittal

Escrito por Laura Buller, Clive Gifford, Andrea Mills
Consultores Lucy Rogers, Michael Szollosy

Servicios editoriales Tinta Simpàtica
Traducción Ismael Belda

Publicado originalmente en Gran Bretaña en 2018
por Dorling Kindersley Ltd, 80 Strand, Londres, WC2R 0RL
Parte de Penguin Random House

Copyright © 2018 Dorling Kindersley Ltd
© Traducción española: 2019 Dorling Kindersley Ltd
Título original: *Robot. Meet the Machines of the Future*
Primera edición: 2019

Reservados todos los derechos.
Queda prohibida, salvo excepción prevista en la ley, cualquier
forma de reproducción, distribución, comunicación pública
y transformación de esta obra sin la autorización escrita de
los titulares de la propiedad intelectual.

ISBN: 978-1-4654-8282-2
Impreso y encuadernado en China

www.dkespañol.com

CON

TENIDOS

ROBOTS COTIDIANOS

ROBOTS EXTREMOS

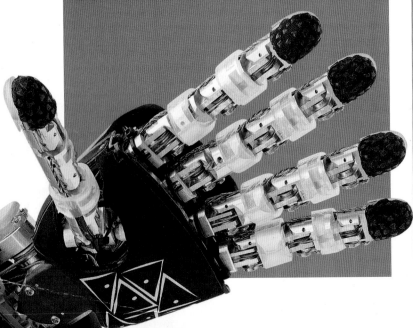

HÉROES ROBÓTICOS

ESPECIFICACIONES

En cada robot se incluye una ficha que presenta algunas o todas las especificaciones siguientes.

ORIGEN
Indica el país en el que el robot ha sido desarrollado.

ALTURA
La altura del robot.

ALIMENTACIÓN
Indica la fuente de energía que emplea el robot.

FABRICANTE
Indica el fabricante del robot.

DESARROLLO/LANZAMIENTO
Indica el año de inicio del desarrollo del robot, o la fecha en la que tuvo lugar su lanzamiento comercial.

PESO
El peso del robot.

CARACTERÍSTICAS
Incluye las características más destacadas del robot.

PRÓLOGO

Cuando yo era niña, los robots eran máquinas del futuro y solo se encontraban en los libros, los cómics y las películas. Recuerdo que me vestí de robot para ir a una fiesta de disfraces, con una caja de cartón y mucho papel de aluminio. Pero los robots ya no son algo del futuro; existen aquí y ahora y, para mí, eso es algo muy excitante. No son como yo me imaginaba que serían cuando era niña (llevan menos papel de aluminio). Además, pueden hacer cosas que yo no había imaginado.

Mi robot favorito era un juguete mecánico que caminaba torpemente por encima de la mesa. ¿Cómo es el robot que te gustaría crear si pudieras? Ahora hay tantos tipos para escoger... ¿Cómo se mueve? ¿Tiene ruedas, orugas o patas? ¿Se desliza como una serpiente o nada como un pez? ¿Puede volar? ¿Puede ver cosas que nosotros no podemos ver u oler cosas que nosotros no podemos oler? ¿Está aquí, entre nosotros, o investiga lugares a los que los seres humanos no pueden ir, como las profundidades del océano u otros planetas? ¿Qué puede hacer tu robot favorito? ¿Necesita a un ser humano que lo ayude o puede hacerlo todo solo? ¿Te gustaría trabajar con un robot? ¿Te gustaría tener uno como mascota? ¿Y como amigo?

Este libro ayuda a explicar de forma clara muchas funciones que los robots realizan hoy en día para nosotros. Pueden ser desde exoesqueletos que nos ayudan a caminar hasta máquinas que hacen que trabajos peligrosos o ingratos sean más seguros. Este libro es una guía completa de la variedad de robots que existe en la actualidad: en tamaño, complejidad y funcionamiento. Pero no es solo un catálogo de tipos de robots. También proporciona una buena comprensión acerca de cómo funcionan, perciben, se mueven y piensan los robots.

Los robots han avanzado mucho desde que yo era niña. Pero aún van a avanzar mucho más en los próximos años. Se convertirán en parte de nuestras vidas. Comprender las cosas increíbles que hacen por nosotros, comprender cómo funcionan, cómo se diseñan y cómo se controlan es una gran ventaja, tanto para hoy como para el futuro.

Lucy Rogers

EL AUGE DE LOS ROBOTS

Los robots han recorrido un largo camino desde sus comienzos como pedazos de madera y metal accionados por un mecanismo hasta las complejas máquinas actuales, que se mueven, funcionan e incluso piensan de forma autónoma. Son tan hábiles fabricando coches como ayudando a los niños a hacer los deberes. La revolución ya está aquí.

¿QUÉ ES UN ROBOT?

¿Qué te viene a la mente cuando piensas en robots? Quizá imaginas relucientes humanoides con luces parpadeantes y voz extraña. Quizá piensas en una gigantesca cadena de montaje controlada solo por robots. Quizá los imaginas como amigos o incluso como máquinas ligeramente amenazantes. Los robots, sencillamente, son ordenadores que pueden sentir, pensar y moverse por sí mismos. Los hay de distintos tamaños, formas y niveles de inteligencia, y se diseñan para una amplia gama de tareas.

Adornos como este collar, aunque no son esenciales para su funcionamiento, pueden usarse para personalizar un robot.

COLLAR

PRINCIPIOS BÁSICOS

Un robot social como MiRo es una máquina programada por humanos. La capacidad de MiRo para sentir, pensar y moverse está determinada por una serie de placas de circuitos.

Los circuitos controlan sus funciones, desde el movimiento hasta los procesadores y sensores.

MÓDULO DE BLUETOOTH **PLACA DE LAS RUEDAS** **PLACA DEL CEREBRO**

DENTRO DEL CHASIS

Sensor de tacto
Permite que un robot sea sensible al contacto de un humano. MiRo reacciona cuando le acaricias el lomo.

MOTORES DEL CUELLO: ALZAR Y LADEAR

CONTROL DEL MOTOR DE COLA

PROCESADOR VERTEBRAL **PLACA DEL SENSOR FRONTAL**

LOS PRIMEROS ROBOTS

Los robots no son una invención moderna. El primero lo creo seguramente en el año 400 a.C. el matemático griego Arquitas, que construyó una paloma que volaba impulsada por vapor.

¿QUÉ HACEN LOS ROBOTS?

Los robots ya pueden hacer muchas de las cosas que hacen los humanos y cada vez son mejores y más inteligentes. Pueden jugar, trabajar, construir y muchas cosas más.

¿POR QUÉ USAR ROBOTS?

Los robots son ideales para tareas peligrosas, aburridas o pesadas para los humanos. No se cansan ni se aburren, pero necesitan tener instrucciones claras para hacer su trabajo.

Interactuar

Muchos robots, como MiRo, usan luces, movimientos y expresiones humanas para comunicarnos lo que sienten y piensan. Los sensores de un robot también pueden guiar sus interacciones con humanos.

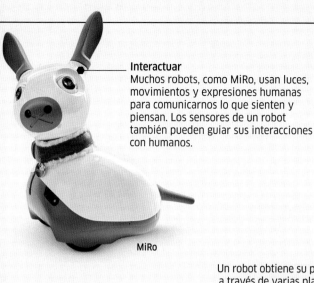

MiRo

Sentir

Los robots recogen información para tomar decisiones a través de sensores. Estos recogen todo tipo de información, como luz, imágenes, sonido, tacto, presión y localización. Las orejas de MiRo pueden girar para detectar el origen de un sonido.

Pensar

Un robot obtiene su potencia cerebral a través de varias placas de circuitos. Cada una procesa información y envía instrucciones. Algunos robots necesitan una conexión a internet para «pensar», mientras que otros son más o menos capaces de tomar decisiones solos.

Los cables conectores permiten la comunicación entre las distintas partes del robot.

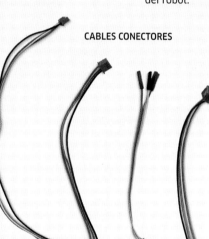

CABLES CONECTORES

DENTRO DEL CUERPO DE MiRo

0038

DE LA FICCIÓN A LA REALIDAD

Los robots han inspirado incontables libros y películas. A su vez, las ideas creativas de los escritores y directores de ciencia ficción inspiran a muchos diseñadores de robots.

Moverse

La mayoría de los robots se mueven con precisión, velocidad y fluidez por medio de patas, ruedas u orugas. Sus partes móviles, como brazos, cabezas, patas o colas, los ayudan a comunicarse y a realizar diversas tareas. Algunos robots usan agua o aire a presión para moverse.

¿CÓMO FUNCIONAN?

La mayoría de los robots están hechos con los mismos componentes básicos. Un robot típico tiene un cuerpo para albergar sus componentes: un medio de movimiento, un sistema sensorial para recoger información del entorno, un medio para interactuar con los objetos, una fuente de energía eléctrica y un «cerebro» computerizado que controla el conjunto. Dependiendo de la tarea, estos componentes pueden combinarse de muchas formas diferentes, lo que da lugar a la gran diversidad de robots que podemos ver hoy en el mundo.

ESTRUCTURA CORPORAL
El cuerpo de un robot debe ser lo bastante fuerte como para proteger sus componentes internos y lo bastante flexible como para moverse. Aparte de eso, su forma no está limitada: puede ser pequeño como un chip o grande como una casa. Algunos, como este reptante robot-serpiente, imitan el movimiento de un animal en concreto.

ROBOTS MÓVILES
Algunas tareas requieren que los robots se desplacen por medio de orugas, ruedas o patas. Un robot móvil como el GroundBot, equipado con una cámara, puede explorar lugares peligrosos, como zonas sísmicas o edificios derruidos, y avanzar sobre terreno difícil a causa del barro, la nieve o la lluvia.

Los brazos robóticos tienen los equivalentes mecánicos de un hombro, un codo y una muñeca.

FESTO

SISTEMA SENSORIAL

Muchos robots, como PARO, un robot terapéutico, tienen sensores que recogen datos y le dicen qué está ocurriendo para así adaptar su comportamiento de forma apropiada. Algunos sensores son bien conocidos, como cámaras y dispositivos de presión. Otros sensores más complejos emplean infrarrojos, ultrasonidos o láseres para recabar información.

EL CEREBRO DE UN ROBOT

La unidad central de procesamiento de un robot, su «cerebro», sigue instrucciones y se encarga de su movimiento. La mayoría, en realidad, solo puede hacer lo que dice su programación. Los verdaderos cerebros tras los robots son los ingenieros en robótica. Ellos los diseñan, los construyen y los programan para que realicen sus tareas. Si la tarea cambia, el robot se puede reprogramar.

Sus sensores de presión le dicen al «cerebro» del robot lo duro que es un objeto.

¡ENERGÍZATE!

Un robot necesita alguna forma de suministro de energía para sus actuadores (los dispositivos mecánicos que lo ayudan a moverse). Algunos usan baterías y otros necesitan conectarse a un enchufe. Otros son impulsados por aire o fluido a presión. Los Mars rovers de la NASA usan células solares incorporadas para recargar sus baterías.

Los elementos terminales pueden incluso sujetar objetos delicados sin dañarlos, como una botella de vidrio.

AYUDA MANUAL

Así como tu brazo mueve tu mano, un brazo robótico mueve un elemento terminal, es decir, una herramienta especial como un taladro, un instrumento quirúrgico, una pistola de pintura o un soplete. Hay elementos terminales específicos para diferentes tareas tales como agarrar o transportar objetos.

MECANISMO DE ANTICITERA

Si miras con atención esta antigua roca costrosa, verás engranajes con dientes triangulares coincidentes y un anillo dividido en grados. Es el mecanismo de Anticitera, un fascinante artefacto que quizá permitía a los antiguos griegos predecir el movimiento del sol, la luna y las estrellas. En cierto sentido, era una especie de ordenador primitivo.

Los arqueólogos han recobrado 82 fragmentos del mecanismo, enterrados en el fondo marino desde el 80 a. C.

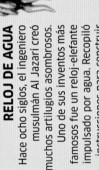

Cada media hora, se libera una bola que entra en la boca del elefante.

RELOJ DE AGUA

Hace ocho siglos, el ingeniero musulmán Al Jazari creó muchos artilugios asombrosos. Uno de sus inventos más famosos fue un reloj-elefante impulsado por agua. Recopiló instrucciones para construir sus aparatos en *El libro del conocimiento de los dispositivos ingeniosos*, escrito en 1206.

AUTÓMATAS ANTIGUOS

Desde hace siglos, la gente ha imaginado e incluso creado máquinas parecidas a robots. Algunas se crearon solo para asombrar y entretener (desde pájaros de madera voladores hasta leones de tamaño natural que podían rugir) y muchos eran regalos para impresionar a los soberanos. Otros ayudaban a medir el tiempo o a estudiar las estrellas. Estos artilugios, conocidos como autómatas, no eran verdaderos robots, pues no poseían inteligencia y no podían adaptarse a diferentes tareas, pero prepararon el camino para la era de los robots.

MONSTRUOS MÍTICOS

Los antiguos griegos, en sus mitos y leyendas, contaban historias de fantásticas criaturas mecánicas de apariencia humana. En una de ellas aparecía Talos, un gigante de bronce forjado por el dios herrero Hefesto. Talos vigilaba la costa de Creta contra piratas e invasores.

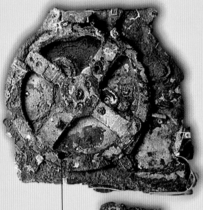
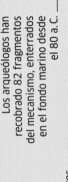

Talos, en la historia del héroe mitológico Jasón, media 2,5 m.

La bola hace sonar un platillo y el conductor del elefante toca su tambor.

El vapor despedido hacía que la esfera rotase.

MARAVILLAS DE ALEJANDRÍA

La antigua ciudad egipcia de Alejandría fue famosa, entre los siglos III y I a.C., por sus maravillas mecánicas. Sus ingenieros crearon relojes de agua rematados por pájaros, fuentes de agua y de vino, y camareros mecánicos. Uno de los ingenieros estrella era Herón de Alejandría, que construyó complejas máquinas como esta: su nombre es eolipila y consistía en una esfera que giraba cuando se calentaba el agua de su interior.

EL RELOJ ASTRONÓMICO DE PRAGA

En el siglo XV, muchas catedrales y centros de ciudades tenían relojes animados. Al tocar las horas, los autómatas se ponían en movimiento. Uno de los más famosos es el Reloj Astronómico de Praga, que está en el antiguo ayuntamiento de esta ciudad checa y todavía funciona.

MONJE MECÁNICO

En la década de 1560, el rey español Felipe II encargó a un relojero llamado Juanelo Turriano que construyera un monje realista que pudiera «caminar» y mover los ojos, los labios y la cabeza. Cuatrocientos cincuenta años después, aún funciona.

El mecanismo está oculto tras el manto del monje.

SERVIDOR DE TÉ

Los Karakuri, muñecos robóticos japoneses, se fabricaron a comienzos del siglo XIX. Se usaban en los teatros o en casas de gente acaudalada para servir el té. Cuando se llena la taza de su bandeja, avanza hacia un invitado, se inclina y espera a que este tome la taza antes de retirarse.

AUTÓMATAS AVANZADOS

En el siglo XVI, algunos creativos inventores desarrollaron máquinas asombrosas con una insólita capacidad para imitar a personas y animales. Desde patos mecánicos capaces de aletear y parpar hasta un ejército totalmente mecánico, estas fascinantes creaciones cautivaban al público de todo el mundo. Muchas de estas máquinas, conocidas como «autómatas», eran increíblemente complejas y algunas todavía funcionan, entre ellas ingeniosos muñecos que escriben cartas, cantan canciones o incluso sirven el té. La gente de entonces se asombraba con estas máquinas maravillosas como nosotros con los superrobots de hoy.

Un hombre oculto en la máquina accionaba el brazo mecánico de «El Turco».

¡ES UN ENGAÑO!

En la década de 1770, el inventor húngaro Wolfgang von Kempelen hizo pública su asombrosa creación: un hombre mecánico vestido con caftán y turbante que jugaba al ajedrez contra cualquier adversario. «El Turco», sin embargo, era falso: una persona oculta bajo el tablero lo manejaba.

El sistema de poleas y contrapesos estaba cubierto por los ropajes.

El mecanismo de cuerda mueve el robot.

ESCRITOR MECÁNICO

El inventor suizo Pierre Jaquet-Droz creó un trío de autómatas hacia 1770. Su obra maestra, un niño sentado ante un pupitre, podía mojar su pluma en un tintero y trazar hasta cuarenta caracteres.

Unas seis mil piezas móviles hacían mover al niño.

EUPHONIA

Creada por Joseph Faber en torno a 1840, esta extraña máquina contaba con una cabeza de muñeca capaz de «hablar» varios idiomas por medio de un sistema de fuelles. Su operador se valía de diecisiete teclas para producir las distintas palabras. Podía incluso cantar.

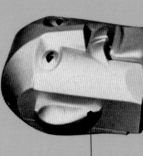

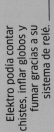

ELEKTRO Y SPARKO

Millones de personas hicieron cola en 1939 para ver a Elektro, el hombre metálico de 2,1 m de altura construido para la Exposición Universal de Nueva York. Un sistema de engranajes y motores eléctricos le permitía caminar, mover los brazos, girar la cabeza, contar con los dedos y abrir y cerrar la boca para usar su vocabulario de setecientas palabras. Su robótico compañero Sparko podía pedir, ladrar y mover la cola.

Elektro podía contar chistes, inflar globos y fumar gracias a su sistema de relé.

El agujero en su pecho demostraba que no había ningún humano dentro de Elektro.

ENIAC

Construida entre 1943 y 1945 para realizar cálculos balísticos para el ejército de Estados Unidos, ENIAC (integrador y computador electrónico numérico) fue la primera computadora a gran escala. Sus ingenieros aseguraban que se habían realizado más cálculos durante su primera década de existencia que en toda la historia de la humanidad hasta entonces. Un equipo de programadoras escribió el código de ENIAC. En su cincuenta aniversario, se recreó con circuitos modernos.

SPUTNIK 1

En octubre de 1957, la antigua Unión Soviética asombró al mundo con el lanzamiento del Sputnik I, el primer satélite artificial. Aunque era solo del tamaño de una pelota de playa, su impacto fue enorme y espoleó al rival de dicho país, Estados Unidos, a acelerar su propio programa espacial. El desarrollo tecnológico resultante influyó en la robótica durante muchos años.

ROBOTS ANIMALES

Elmer y Elsie, los primeros animales robóticos móviles, fueron creados por William Grey Walter en 1948. Estas «tortugas» podían desplazarse, cambiar de dirección y sentir los objetos cercanos. Sensores de contacto y de luz enviaban señales eléctricas a sus motores.

El circuito integrado de Jack Kilby permitió a ordenadores y robots ser más eficientes, pequeños e inteligentes.

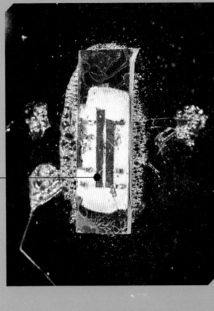

TRANSISTORES

Unos componentes electrónicos llamados transistores lo cambiaron todo cuando aparecieron en 1947: eran pequeños y duraderos, y necesitaban menos energía que la tecnología anterior. El ingeniero estadounidense Jack Kilby hizo un gran avance en 1958 cuando diseñó el primer circuito integrado, un diminuto chip que posibilitó la invención de los robots modernos y de los ordenadores personales.

BRAZOS ROBÓTICOS

En 1961, los robots estaban listos para ponerse a trabajar. El modelo Unimate 1900 se convirtió en el primer brazo robótico producido en serie para la automatización industrial. En 1966, debutó en la televisión: los espectadores lo vieron meter una pelota de golf en una copa, servir bebidas y dirigir una banda.

EL AUGE DE LA ROBÓTICA REAL

Los rápidos avances en electrónica en el siglo XX provocaron una verdadera revolución robótica. Los científicos, inspirados por la ciencia ficción, crearon robots cada vez más sofisticados. Los componentes electrónicos más pequeños, más baratos y más veloces permitieron una rápida evolución y la carrera espacial (entre Estados Unidos y la antigua Unión Soviética) proporcionó el impulso para llevar la tecnología a lugares inexplorados. La inteligencia artificial era un gran desafío, pero el auge de los robots había comenzado.

R. U. R.
El dramaturgo checo Karel Capek usó la palabra *robot* para designar a un humanoide ficticio en su obra de 1920 *R.U.R.* (*Robots universales Rossum*), que trataba sobre una compañía que creaba trabajadores sin alma para reemplazar a los humanos.

METRÓPOLIS
En la película muda *Metrópolis* (1927), del director austríaco Fritz Lang, aparecía un robot llamado Maria. Había sido creado por un científico loco para controlar a los obreros que trabajaban como esclavos en la ciudad de Metrópolis.

ROBBY EL ROBOT
Robby, sirviente leal del profesor del clásico de la ciencia ficción *Planeta prohibido* (1956), puede hablar 188 idiomas y tiene garras metálicas y una cabeza abovedada que rompía con el típico estilo de «lata de conservas». Robby era en realidad un traje de 2,1 m dentro del cual había un actor. Estaba hecho de plástico, vidrio, metal, goma y metacrilato.

ROBOTS Y CULTURA

Si pedimos a alguien que describa un robot, es probable que nos hable de alguna de las maravillas mecánicas de los libros, el teatro, la televisión o el cine. De hecho, la primera mención de la palabra *robot* tuvo lugar en una obra de teatro checa de 1920 llamada *R.U.R.* y significaba «trabajos forzados». Los robots nos han sorprendido, asombrado e incluso aterrorizado en escenarios, pantallas y libros, pero la gran ciencia ficción no es solo entretenimiento: ha inspirado a los investigadores científicos durante décadas. La ciencia ficción también nos ayuda a comprender las implicaciones sociales y éticas de la tecnología a medida que entramos en un futuro con robots.

TERMINATOR
¿Podrían los robots dominar el mundo y librar una guerra total contra los seres humanos? Ese es el argumento de la saga de *Terminator* (de 1984 en adelante). Los terminators, cíborgs asesinos, parecen humanos, pero su objetivo es destruirlos. Retroceden en el tiempo para eliminar a sus víctimas. ¿Y si no lo logran? Volverán.

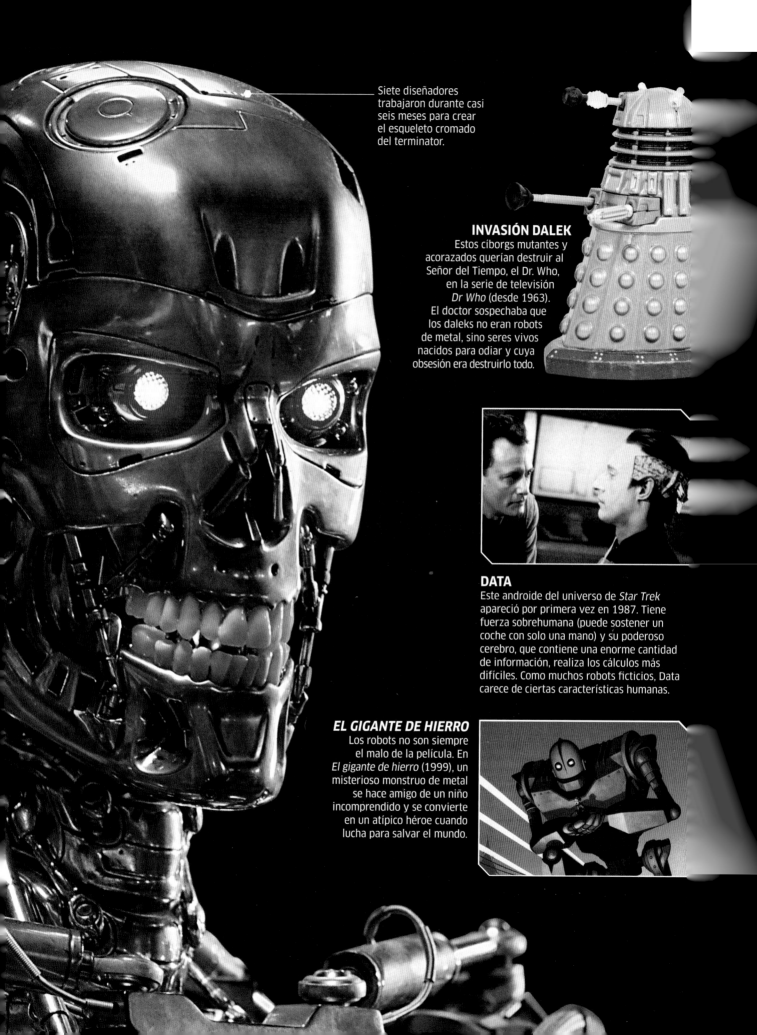

Siete diseñadores trabajaron durante casi seis meses para crear el esqueleto cromado del terminator.

INVASIÓN DALEK
Estos cíborgs mutantes y acorazados querían destruir al Señor del Tiempo, el Dr. Who, en la serie de televisión *Dr Who* (desde 1963). El doctor sospechaba que los daleks no eran robots de metal, sino seres vivos nacidos para odiar y cuya obsesión era destruirlo todo.

DATA
Este androide del universo de *Star Trek* apareció por primera vez en 1987. Tiene fuerza sobrehumana (puede sostener un coche con solo una mano) y su poderoso cerebro, que contiene una enorme cantidad de información, realiza los cálculos más difíciles. Como muchos robots ficticios, Data carece de ciertas características humanas.

EL GIGANTE DE HIERRO
Los robots no son siempre el malo de la película. En *El gigante de hierro* (1999), un misterioso monstruo de metal se hace amigo de un niño incomprendido y se convierte en un atípico héroe cuando lucha para salvar el mundo.

Este robot reacciona a los movimientos de su usuario con un símbolo luminoso en su pantalla negra.

ROBOTS MODERNOS

Durante mucho tiempo, la televisión y el cine han estado llenos de historias sobre robots, pero en realidad estos solo empezaron a llegar a comienzos del siglo XXI. Puede que no se parezcan a los robots humanoides de la ciencia ficción, pero se han abierto paso en muchas áreas diferentes de nuestras vidas. Desde robots mascotas hasta drones de reparto, pasando por robots asistentes y exoesqueletos robóticos, ya son parte del mundo moderno.

ROBOTS SOCIALES
Los robots asistentes de voz, como Jibo, miran, escuchan, aprenden y te ayudan con tus tareas diarias. Puede que estos robots domésticos sean pronto tan habituales como una tetera. Entre otras cosas, estos útiles compañeros pueden controlar el resto de los gadgets de la casa o leerte el periódico.

LOS MEJORES AMIGOS
Los robots de compañía como Aibo, el perro robótico de Sony, pertenecen a una nueva clase de máquinas útiles e inteligentes. Pueden ayudar a los discapacitados, acompañar a niños con necesidades especiales o recordar a los ancianos que se tomen sus medicinas.

Un total de 22 partes móviles permiten a Aibo una gama de gestos realistas, como mover la cola.

UN OJO EN EL CIELO
Tanto si los llamas VANT (vehículos aéreos no tripulados) o robots voladores, los drones están llenando nuestros cielos. Desde hexacópteros equipados con cámaras de vídeo (arriba) para analizar un área catastrófica o una lejana base militar, hasta drones que hacen repartos, estos robots pueden llegar rápida y eficazmente a lugares inaccesibles para los seres humanos.

COCHES INTELIGENTES

Los ordenadores han revolucionado casi cada aspecto de los coches, hasta el punto de que algunos pueden considerarse verdaderos robots. Ciertos modelos muy recientes, como el Rimac C_Two, tienen ya un nivel de autonomía y podrían conducir solos si fuera necesario. Las ventajas de los coches inteligentes sin conductor están claras: no se cansan ni olvidan las instrucciones. Sin embargo, algunas personas no están convencidas todavía de que esta tecnología sea segura de momento.

La estructura de seguridad ayuda a los niños a mantener el equilibrio al moverse.

Los OLED (diodos orgánicos de emisión de luz) de los ojos se iluminan para mostrar expresiones.

ROBOTS PARA LLEVAR PUESTOS

El ATLAS 2030 es un exoesqueleto para las piernas que ayuda a caminar a niños con enfermedades neuromusculares. Sus partes imitan las funciones de los músculos. Los robots como este no solo pueden ayudar a personas con discapacidades o que se recuperan de una lesión: también pueden mejorar el rendimiento físico de cualquiera.

TIPOS DE ROBOTS

Existen robots de todas las formas y tamaños y normalmente se los clasifica según las tareas que realizan, que van desde trabajar en los campos hasta servir de ayudantes a los cirujanos. Los que aparecen en este libro se dividen en diez categorías pero muchos de estos robots multitarea podrían entrar en más de una de ellas.

ROBOTS SOCIALES

Los robots sociales están programados para comprender las interacciones humanas y reaccionar a ellas. Estos amigables robots pueden ser tus compañeros, tus profesores, o ayudarte o entretenerte. Algunos robots sociales están diseñados para que los usen personas con enfermedades como el autismo o con problemas de aprendizaje.

Leka es una pelota robótica que ayuda a los niños con problemas de aprendizaje.

El róver Mars 2020 llevará a cabo experimentos en el planeta rojo.

ROBOTS ESPACIALES

Es más seguro y barato enviar exploradores robóticos a los planetas del sistema solar que enviar a humanos. Los robots espaciales se construyen para soportar las duras condiciones de los mundos más allá de la Tierra. Mientras que algunas sondas pasan cerca de esos objetos, los vehículos de superficie envían datos e imágenes a los científicos de la Tierra.

ROBOTS DE TRABAJO

Los robots cada vez se usan más para hacer tareas peligrosas, repetitivas o aburridas para los humanos. Ni el terreno escabroso, ni los espacios estrechos ni el mal tiempo los detienen. Trabajan de forma independiente, guiados por sensores y cámaras. El tipo más común es un brazo robótico capaz de una variedad de tareas tales como soldar, pintar y montar piezas.

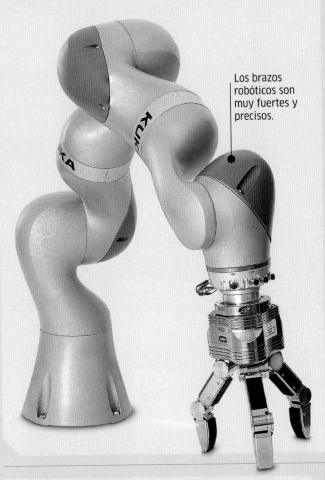

Los brazos robóticos son muy fuertes y precisos.

ROBOTS COLABORATIVOS

Los robots industriales que trabajan de forma segura junto a la gente se llaman robots colaborativos o cobots. Sus compañeros humanos pueden entrenarlos por medio de una tableta o moviéndolos físicamente para mostrarles cómo se hace una tarea. Una vez programados, trabajan en el mismo espacio que los humanos, normalmente en tareas repetitivas o de precisión, como llenar cajas o montar piezas electrónicas.

Los brazos de YuMi hacen una gran gama de movimientos.

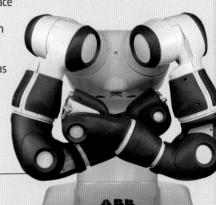

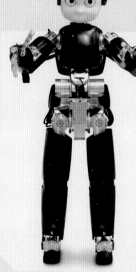

iCub es un robot dotado de inteligencia artificial que puede aprender de sus interacciones con humanos.

ROBOTS HUMANOIDES

Los humanoides se diseñan para que se parezcan a las personas. Poseen cabeza, rostro y, normalmente, extremidades. Algunos caminan sobre dos piernas, mientras que otros se desplazan sobre ruedas u orugas. Los robots humanoides suelen tener una inteligencia artificial más desarrollada que otros robots y algunos son capaces de formar recuerdos o pensar por sí mismos.

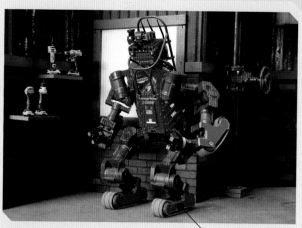

ROBOTS PILOTADOS

No todos los robots son completamente autónomos. Muchos pueden ser controlados a distancia por un piloto, mientras que otros reciben instrucciones directas de humanos. Algunos robots gigantes son manejados por una persona que se sienta en la cabina y pilota el robot desde dentro.

Chimp es un robot de rescate que ayuda a personas en apuros.

ROBOTS BIOMIMÉTICOS

El mundo natural de las plantas y los animales ha proporcionado la inspiración para muchos robots. Estos robots se denominan biomiméticos, pues imitan alguna forma de vida de la naturaleza. No solo se parecen a sus modelos de la vida real, sino que también pueden imitar sus habilidades, como saltar, volar o nadar. Las lecciones aprendidas al construir estos robots ayudan a los ingenieros en una amplia gama de tecnologías.

El BionicKangaroo fue creado para copiar la complejidad del salto de un canguro.

FESTO

ROBOTS DOMÉSTICOS

Los robots domésticos ayudan con las tareas diarias como limpiar, llevar la compra e incluso cocinar. Algunos también actúan como asistentes personales y nos echan una mano para organizar nuestro tiempo o a encontrar información en internet. En el futuro, los robots realizarán cada vez más tareas del hogar.

Zenbo puede jugar con niños, ayudar a los adultos con diversas tareas e incluso vigilar el hogar cuando no hay nadie.

Los Kilobots pueden programarse a la vez en grandes cantidades.

ROBOTS DE ENJAMBRE

Cientos de robots simples se unen para formar un enjambre que funciona como un gran robot inteligente. Estos robots, creados según el modelo de los insectos sociales que encontramos en la naturaleza, pueden llevar a cabo ciertas tareas más fácilmente que un robot que trabajase solo. Los robots individuales se comunican unos con otros para coordinar sus movimientos.

ROBOTS ASISTENCIALES

La tecnología robótica está ganando importancia en el campo de la salud y la medicina. Los científicos han creado robots que asisten a personas con discapacidades: desde miembros artificiales y sillas de ruedas robóticas hasta exoesqueletos que ayudan a caminar o a levantar objetos.

EXOTrainer se diseñó para ayudar a niños con atrofia muscular espinal.

EN CASA

Cada cual es rey en su casa, pero el hogar es también donde los robots encuentran cada vez más formas de ayudarnos. Estos simpáticos robots pueden entretenernos, limpiar el hogar, ayudar con las discapacidades o, simplemente, ser nuestros amigos.

FABRICANTE
Consequential Robotics y la
Universidad de Sheffield

ORIGEN
Reino Unido

DESARROLLO
2016

PESO
5 kg

ALIMENTACIÓN
Batería

CÓMO FUNCIONA

MiRo es un robot biomimético, lo que significa que imita las características de un animal de la naturaleza. Sus sensores le permiten reaccionar a diferentes estímulos como sonido, tacto y luz.

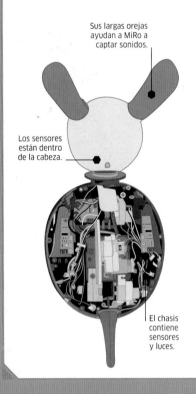

Sus largas orejas ayudan a MiRo a captar sonidos.

Los sensores están dentro de la cabeza.

El chasis contiene sensores y luces.

"El reino animal contiene la clave del futuro de la robótica."

Fabricantes de MiRo

Puede abrir los ojos, cerrarlos o pestañear, dependiendo de su nivel de actividad.

Acariciarle la cabeza y el lomo ayuda a calmarlo cuando está estresado.

Se le pueden añadir accesorios como collares de colores y bandanas.

El hocico alberga un sensor de sónar que lo ayuda a desplazarse sin caerse y sin chocar con objetos de su entorno.

SUPERLENTES

Como muchos animales, MiRo tiene potentes sentidos. Sus grandes ojos proporcionan visión en 3D, mientras que sus largas orejas rotatorias tienen micrófonos estereofónicos. Unos microsensores hacen que reaccione a la más ligera caricia o palmada.

CARACTERÍSTICAS
Gama de sensores,
cámaras y micrófonos

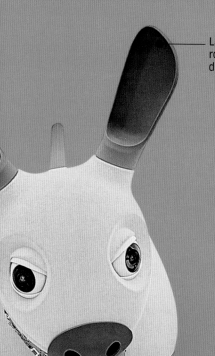

Las orejas se alzan y rotan para seguir la dirección de los sonidos.

Un grupo de MiRo reaccionan entre sí observándose y acercándose unos a otros.

MiRo usa su lenguaje corporal para mostrar sus «emociones».

SENSIBLE A LA LUZ

Los sensores de MiRo pueden detectar la diferencia entre luz y oscuridad, y saber cuándo es de día y de noche. El robot tiene varios indicadores de luces led para representar una gama de «emociones» que su dueño puede aprender y entender.

La luz verde expresa excitación, felicidad o calma.

MiRo EXCITADO

La luz roja indica estrés.

MiRo ESTRESADO

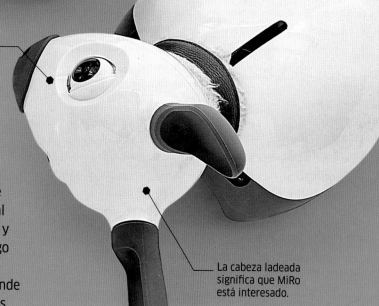

La cabeza ladeada significa que MiRo está interesado.

ROBOT SOCIAL
MiRo

Estudios especializados sobre el cerebro animal han llevado a la creación de MiRo, un robot completamente programable que posee los atractivos de un animal real pero no sus inconvenientes. MiRo está dirigido a niños y ancianos que desean obtener los beneficios de un amigo robótico sin tener que sacarlo a pasear, alimentarlo o limpiarlo. Esta máquina expendedora de caricias responde al cariño como una mascota real y se convierte para sus dueños en un compañero fiable, robusto y divertido.

FABRICANTE
Boston Dynamics

ORIGEN
EE. UU.

DESARROLLO
2017

ALTURA
84 cm

PESO
30 kg

EN EL HOGAR

Se espera que SpotMini podrá ayudar a personas con discapacidad en su casa y en el trabajo. Boston Dynamics ha lanzado vídeos en los que se muestra a SpotMini usando un brazo accesorio especial para abrir una puerta pesada.

SpotMini usa un brazo accesorio para sujetar la manija de la puerta

SpotMini tira de la puerta y usa un pie para evitar que se cierre

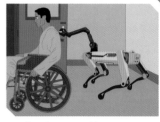

Mantiene la puerta abierta para permitir el paso de la silla de ruedas

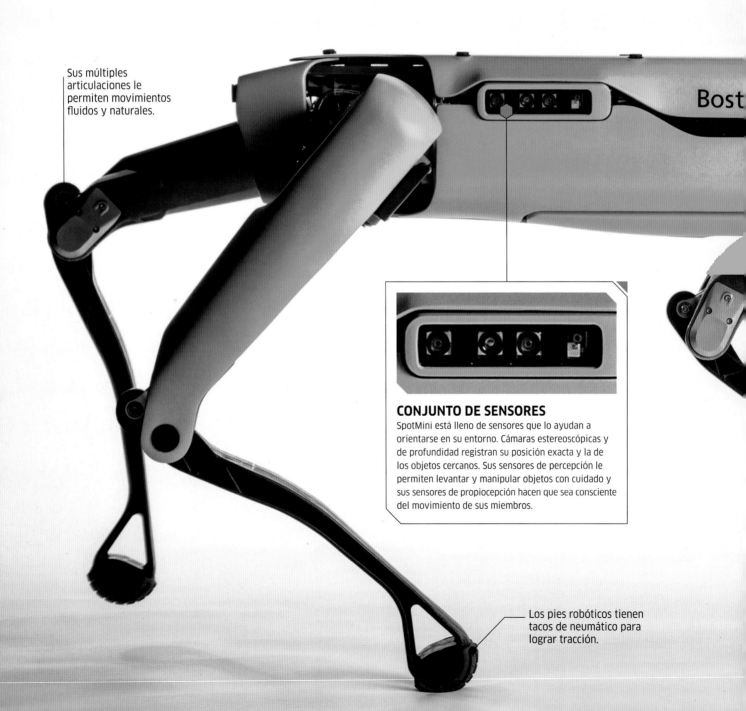

Sus múltiples articulaciones le permiten movimientos fluidos y naturales.

Bost

CONJUNTO DE SENSORES

SpotMini está lleno de sensores que lo ayudan a orientarse en su entorno. Cámaras estereoscópicas y de profundidad registran su posición exacta y la de los objetos cercanos. Sus sensores de percepción le permiten levantar y manipular objetos con cuidado y sus sensores de propiocepción hacen que sea consciente del movimiento de sus miembros.

Los pies robóticos tienen tacos de neumático para lograr tracción.

ALIMENTACIÓN
Batería

CARACTERÍSTICAS
Sistema de visión
en 3D

ROBOT **DE AYUDA EN EL HOGAR**

SpotMini

SpotMini puede llegar a convertirse en el mejor amigo del hombre. Es un robot ayudante de cuatro patas inspirado en el perro. Sin embargo, este inteligente can no solo corre tras una pelota. El pequeño y elegante SpotMini ha aprendido a recoger objetos, subir escaleras y sortear obstáculos. Los test lo muestran abriendo puertas gracias a su brazo maniobrable. SpotMini puede funcionar con electricidad durante noventa minutos sin necesidad de recarga, lo que lo convierte en el perro robótico más energético que existe.

El exterior, de plástico amarillo, es robusto y muy resistente.

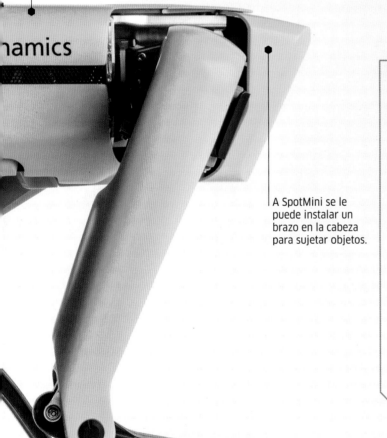

A SpotMini se le puede instalar un brazo en la cabeza para sujetar objetos.

SPOT

Spot es otro robot de cuatro patas creado por Boston Dynamics. Ideado para moverse por terreno accidentado, usa sus sensores y su visión estereoscópica para orientarse y mantener el equilibrio. Puede funcionar durante cuarenta y cinco minutos sin recargar y llevar hasta 23 kg de peso.

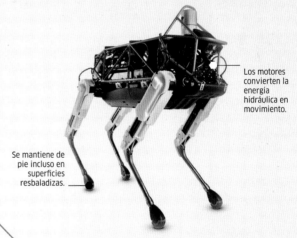

Los motores convierten la energía hidráulica en movimiento.

Se mantiene de pie incluso en superficies resbaladizas.

❝Estos robots exploran las capacidades de la robótica y tratan de expandirlas.❞

Marc Raibert, director ejecutivo
de **Boston Dynamics**

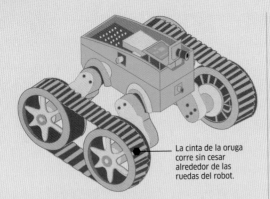

La cinta de la oruga corre sin cesar alrededor de las ruedas del robot.

Robot de orugas

Las orugas, como las que llevan los tanques y las máquinas excavadoras, no permiten un desplazamiento tan rápido como las ruedas, pues hay una mayor superficie en contacto con el suelo. Pero son perfectas para subir pendientes y cruzar terreno accidentado e impredecible. La mayoría de los robots de orugas viran revirtiendo la dirección de una de las orugas, lo que hace que derrapen.

PATAS, RUEDAS Y ORUGAS

Los seres humanos avanzan casi sin pensarlo, pero el desplazamiento de un robot, llamado locomoción, ha de diseñarse y programarse con cuidado. La estabilidad, el equilibrio y la habilidad para sortear obstáculos son cuestiones importantes que hay que resolver. Para los robots de superficie, los tres sistemas de locomoción más comunes son las patas, las ruedas y las orugas. Dentro de estas tres amplias modalidades, hay numerosas opciones disponibles para los científicos.

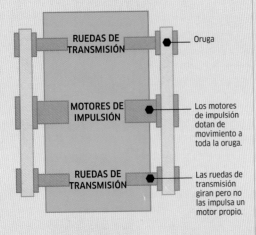

RUEDAS DE TRANSMISIÓN

Oruga

MOTORES DE IMPULSIÓN

Los motores de impulsión dotan de movimiento a toda la oruga.

RUEDAS DE TRANSMISIÓN

Las ruedas de transmisión giran pero no las impulsa un motor propio.

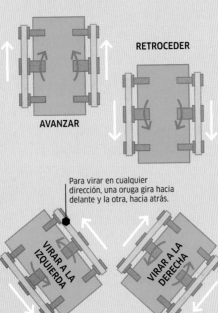

RETROCEDER

AVANZAR

Para virar en cualquier dirección, una oruga gira hacia delante y la otra, hacia atrás.

VIRAR A LA IZQUIERDA

VIRAR A LA DERECHA

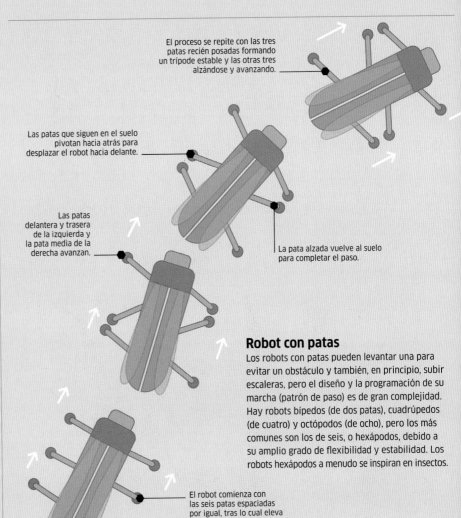

El proceso se repite con las tres patas recién posadas formando un trípode estable y las otras tres alzándose y avanzando.

Las patas que siguen en el suelo pivotan hacia atrás para desplazar el robot hacia delante.

Las patas delantera y trasera de la izquierda y la pata media de la derecha avanzan.

La pata alzada vuelve al suelo para completar el paso.

Robot con patas

Los robots con patas pueden levantar una para evitar un obstáculo y también, en principio, subir escaleras, pero el diseño y la programación de su marcha (patrón de paso) es de gran complejidad. Hay robots bípedos (de dos patas), cuadrúpedos (de cuatro) y octópodos (de ocho), pero los más comunes son los de seis, o hexápodos, debido a su amplio grado de flexibilidad y estabilidad. Los robots hexápodos a menudo se inspiran en insectos.

El robot comienza con las seis patas espaciadas por igual, tras lo cual eleva tres de ellas del suelo.

Robot con ruedas

Las ruedas son quizá el modo de locomoción más rápido, simple y efectivo para robots móviles de superficie. Debido a su mínimo contacto con el suelo, se reduce la fricción sobre cada rueda. En consecuencia, es más fácil para el motor mover una rueda o todas ellas. Los robots con ruedas prefieren desplazarse sobre terreno liso y una superficie con rocas les puede resultar difícil. Algunos róveres planetarios superan esta dificultad al montar las ruedas sobre un sistema de suspensión de bisagra tipo *rocker-bogie*. Este sistema levanta e inclina el cuerpo mientras las ruedas se elevan y descienden al pasar sobre un obstáculo. Los ingenieros proyectan la disposición de las ruedas según la función que vaya a cumplir el robot.

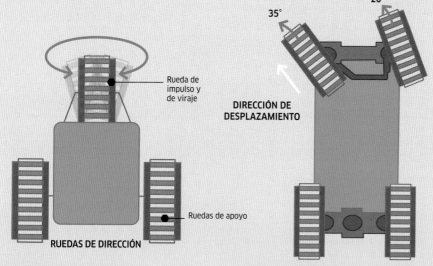

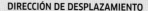

DIRECCIÓN DE DESPLAZAMIENTO

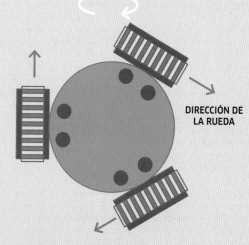

Robots impulsados por triciclo

En esta disposición hay dos ruedas traseras de apoyo que proporcionan una base sólida. La única rueda delantera es al mismo tiempo la que impulsa hacia delante y la que vira a izquierda o a derecha para maniobrar. El diseño es simple, pero no ofrece tantas posibilidades de giro como otros.

Robots de cuatro ruedas

La mayoría de los robots de cuatro ruedas usan el sistema Ackerman, que consiste en que las dos ruedas traseras propulsan el robot hacia delante y las delanteras viran para controlar la dirección. Al virar, la rueda interior (izquierda) se abre en un ángulo mayor que la exterior para así no derrapar.

Omnibots de tres ruedas

En este diseño, no son las propias ruedas las que viran para ir en una dirección u otra. Se envían señales desde el controlador para que las ruedas giren a velocidades diferentes. Esto conlleva que el robot puede virar sobre su propio eje cuando todas las ruedas giran a la misma velocidad.

Equilibrio

El equilibrio de una persona está controlado por el cerebro, el oído interno y más de 600 músculos. Los robots usan sensores de inclinación y de ángulo de articulación para verificar la posición de sus partes y comprobar si se encuentran en peligro de volcar. Muchos robots de seis o más patas mantienen la mitad de ellas posadas para tener una base estable mientras las otras se mueven. El problema de los robots de dos patas es que levantar una los vuelve inestables y, para compensar, necesitan mucha programación y rendimiento computacional, así como múltiples sensores. Lo mismo pasa con los robots de una o dos ruedas: necesitan pequeños y continuos ajustes para mantenerse en equilibrio.

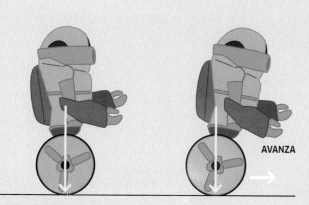

Moverse hacia delante

Cuando un robot de dos ruedas está quieto, su centro de gravedad está situado justo entre las dos ruedas para así mantenerlo erguido. Para avanzar, el robot se inclina hacia delante para contrarrestar la fuerza que lo empuja hacia atrás cuando las ruedas giran hacia delante.

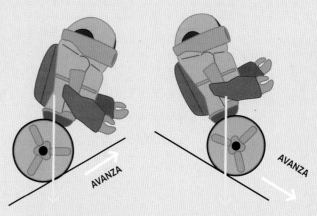

En una pendiente

Un robot se inclina hacia delante al subir una pendiente. Eso mantiene el peso del robot y su centro de gravedad directamente sobre la parte de la rueda que está en contacto con el suelo. Cuando el robot desciende una pendiente, ocurre justo lo contrario.

FABRICANTE	ORIGEN	DESARROLLO	PESO
Consejo Superior de Investigaciones Científicas (CSIC) y Marsi Bionics	España	2016	12 kg

ROBOT DE ASISTENCIA MÉDICA

EXOTrainer

La tecnología robótica ayuda a millones de personas con movilidad reducida, muchas de ellas niños. Los exoesqueletos robóticos son estructuras que se adaptan al exterior del cuerpo y lo ayudan a sostenerse y a moverse. El EXOTrainer permite a sus usuarios permanecer de pie y caminar. Está diseñado para niños de entre tres y catorce años con atrofia muscular espinal (AME), una enfermedad genética que debilita los músculos y afecta a la capacidad de movimiento. El sistema inteligente de articulaciones del EXOTrainer se ajusta al usuario y, al caminar, altera la rigidez de sus articulaciones y su ángulo de movimiento para imitar los músculos humanos.

PARA ADULTOS

El exoesqueleto para adultos ReWalk 6.0 es muy ligero y se alimenta con una batería situada en la cadera. Cuando percibe una inclinación hacia delante en el cuerpo del usuario, empieza a caminar gracias a sus motores de la cadera y las rodillas. Puede llegar hasta los 2,6 km/h.

El ordenador de a bordo da instrucciones a los motores para que el movimiento se coordine de forma natural.

La estructura es de titanio y aluminio. Las partes son telescópicas, es decir, que pueden alargarse o acortarse para adaptarse al usuario.

CÓMO FUNCIONA

Cada paso que se da con el EXOTrainer requiere una compleja serie de movimientos de las articulaciones del exoesqueleto. El EXOTrainer ajusta automáticamente la rigidez de sus articulaciones para adaptarse a la dureza del terreno. Cuando el pie toca el suelo, el tobillo y la rodilla reaccionan para amortiguar el impacto.

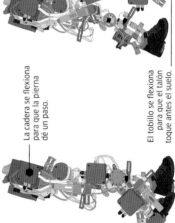

La cadera se flexiona para que la pierna dé un paso.

El tobillo se flexiona para que el talón toque antes al suelo.

Cuando los motores llevan la pierna flexionada hacia delante, la rodilla endereza la pierna para dar un paso.

Los cinco motores de cada pierna se activan cuando la cadera y la rodilla se mueven para levantar un pie del suelo.

ALIMENTACIÓN
Motores eléctricos
y batería

CARACTERÍSTICAS
Percibe movimiento
muscular de forma
automática

ATLAS 2030

El EXOTrainer se inspira en un modelo de exoesqueleto previo: el ATLAS 2030. Este aparato solo puede usarse con niños que midan al menos 95 cm. El tamaño del exoesqueleto se ajusta de forma que el niño pueda seguir usándolo a medida que crece.

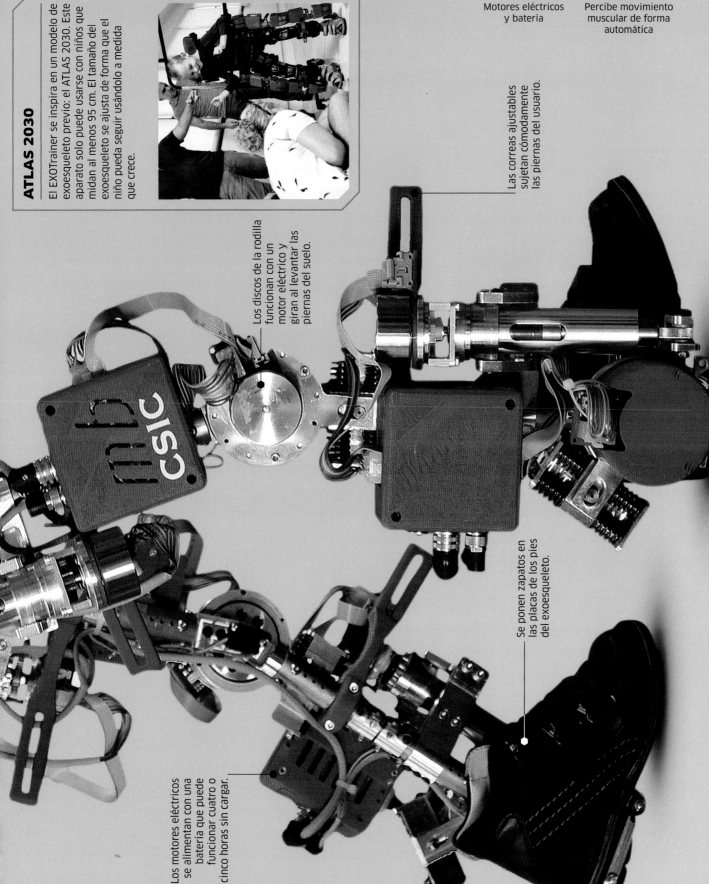

Las correas ajustables sujetan cómodamente las piernas del usuario.

Los discos de la rodilla funcionan con un motor eléctrico y giran al levantar las piernas del suelo.

Se ponen zapatos en las placas de los pies del exoesqueleto.

Los motores eléctricos se alimentan con una batería que puede funcionar cuatro o cinco horas sin cargar.

FABRICANTE
Asus

ORIGEN
Taiwán

DESARROLLO
2016

ALTURA
62 cm

FUNCIONA A DISTANCIA

Con la aplicación de Zenbo, el usuario puede controlar a distancia los dispositivos inteligentes de su casa, como luces, televisores, sistemas de seguridad, cerraduras, calefacción y aire acondicionado. En caso de emergencia médica, Zenbo envía fotos y una alerta para pedir ayuda.

ROBOT **DE AYUDA EN EL HOGAR**

ZENBO

Este simpático robot está pensado para ser un miembro más de tu familia. Sus diseñadores se propusieron crear un robot que sirva para todo tipo de personas, tanto si les interesa la tecnología como si no. Zenbo puede desplazarse solo, comunicarse y entender el habla. Puede ocuparse del hogar tanto si sus habitantes están dentro como si no. Puede ser un compañero de juegos para los niños, una ayuda para los adultos y un valioso y vigilante compañero para personas mayores.

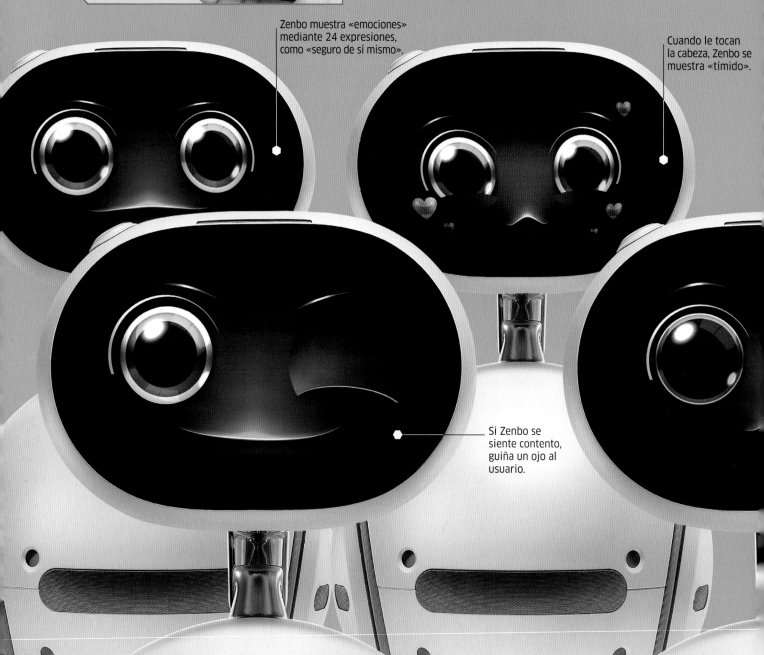

Zenbo muestra «emociones» mediante 24 expresiones, como «seguro de sí mismo».

Cuando le tocan la cabeza, Zenbo se muestra «tímido».

Si Zenbo se siente contento, guiña un ojo al usuario.

PESO
10 kg

ALIMENTACIÓN
Batería

CARACTERÍSTICAS
Aprende y se
adapta al usuario

CONTROL TÁCTIL

Además de mostrar la expresión
del robot, el panel multitáctil de
25,6 cm de Zenbo también puede
descargar películas, hacer
videollamadas y mostrar recetas.
El panel está pensado para anular
la brecha digital en los usuarios
de la tercera edad, que, con simples
comandos de voz, pueden comprar,
llamar y usar las redes sociales.

En la cabeza hay
una cámara, una
cámara 3D y un
sensor lumínico.

Uno de los cuatro
sensores de caída:
detectan escaleras
y otros peligros.

Las luces led de las
ruedas indican
cuánta energía le
queda y si está
realizando una tarea.

Sensores de
sónar ayudan
a Zenbo a
orientarse.

VISTA COMPLETA

Gracias a un puerto
USB, Zenbo puede
recibir datos y
actualizaciones.

La expresión de
Zenbo por defecto.

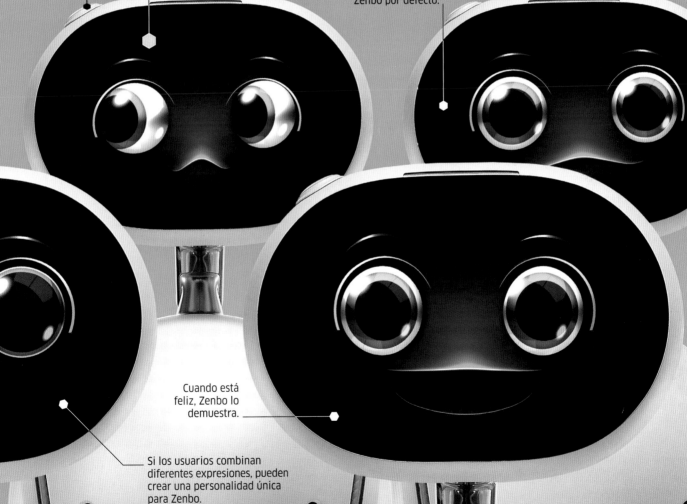

Cuando está
feliz, Zenbo lo
demuestra.

Si los usuarios combinan
diferentes expresiones, pueden
crear una personalidad única
para Zenbo.

ROBOT DE JARDÍN

Este artilugio con mano para las plantas llamado **Kobi** corta el césped, recoge las hojas secas y deja nuestro jardín inmaculado. Su GPS y sus sensores evitan cualquier choque durante la tarea. Este robot jardinero sigue las previsiones del tiempo y nos previene cuando se acerca el frío. Si le pones neumáticos para la nieve, verás cómo barre la nieve con aire hasta a 12 m de distancia.

▼ Kobi, que funciona con una batería, tiene motores silenciosos, funciones de seguridad y una velocidad máxima de 5 km/h.

▲ Kobi recoge las hojas antes de que se acumulen.

AYUDANTES DEL HOGAR

A nadie le gusta barrer y fregar la casa, pero ¡a los robots les encanta! Estos robots eliminan el trabajo pesado de nuestras actividades diarias recordando nuestras preferencias y actuando por sí solos. Siempre están dispuestos a realizar las tareas domésticas, no escatiman esfuerzos y nunca se cansan.

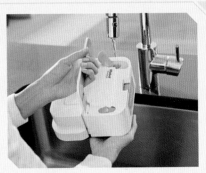

▲ Hay que añadir agua manualmente al robot para que la distribuya con su pulverizador.

ROBOT FREGONA

Cuando se pone a este canijo robot en el suelo, lo limpia por completo. La fregona robótica **Braava jet** puede fregar y también barrer. Usa dos ruedas para desplazarse y repite un ciclo que consiste en pulverizar agua, fregar el suelo y después secarlo en áreas de hasta 25 m². Su tamaño ultrapequeño significa que puede limpiar hasta en los rincones más estrechos.

Al pulsar el botón de «Clean», el robot se despierta y empieza a limpiar.

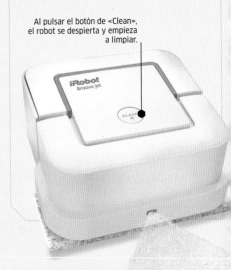

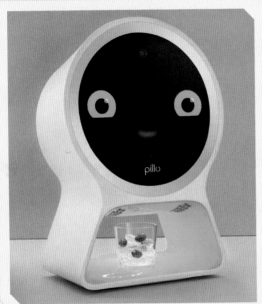

MANTENERSE SANO

Pillo, un robot doméstico de salud, responde a tus preguntas y te administra medicación cuando la necesitas. Pillo usa software de reconocimiento facial para distinguir los rostros y aprende y recuerda las necesidades médicas de cada uno. Ante una situación grave, puede conectarse con profesionales médicos para una mayor información y asistencia.

◄ Las cámaras HD y los sensores internos de Pillo ayudan a gestionar nuestras necesidades médicas.

REMOLINO DE POLVO

El modelo **Roomba 900** es el aspirador definitivo. Se orienta con sus avanzados sistemas de navegación y de localización visual mientras aspira todo el polvo en su camino por moquetas y baldosas. Contento con hacer el trabajo sucio, el Roomba 900 se recarga y continúa automáticamente limpiando tu casa hasta dejarla impecable.

El parachoques ultrasensible le permite localizar las paredes.

El botón de «Clean» da comienzo y fin a un ciclo de limpieza.

La cámara registra en su mapa cada habitación.

▲ La aplicación del robot te permite comenzar una limpieza de inmediato o programar una oportuna limpieza antes de volver a casa.

▲ Roomba 900 elabora un mapa de las habitaciones de tu casa para orientarse inteligentemente en su entorno.

▶ Este elegante robot tiene un diseño estilizado para limpiar a fondo bajo los muebles.

COLEGA DE PISCINA

Las piscinas son perfectas para un chapuzón, pero limpiarlas no es muy divertido. Si dejas caer a **Mirra** en la parte profunda, dará comienzo el ciclo de limpieza sin ni siquiera mojarte las manos. Al tener incorporados un aspirador, una bomba y un sistema de filtros, este robot mantiene el agua y la piscina limpias como una patena con el mínimo de molestia. Mirra hace circular más de 18 000 litros de agua por hora, eliminando desperdicios grandes, como hojas e insectos, y pequeñas partículas como algas y bacterias.

▲ Las ruedas impulsan a Mirra mientras su cepillo giratorio elimina la suciedad de la piscina.

▲ Cuando termina su tarea, sacamos la cesta, eliminamos su contenido y Mirra queda listo para la siguiente limpieza.

FABRICANTE
HOOBOX Robotics

ORIGEN
Brasil

LANZAMIENTO
2016

CÓMO FUNCIONA

Para controlar la silla de ruedas, el usuario selecciona entre cinco expresiones faciales, cada una de las cuales mueve la silla de ruedas de una forma: hacia atrás, hacia delante, a la izquierda, a la derecha y deteniéndola. Cuando el software detecta una de esas expresiones en las imágenes de la cámara, envía una señal a Gimme, un accesorio robótico sujeto al mando de la silla, y esta se mueve.

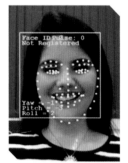
SONRISA COMPLETA

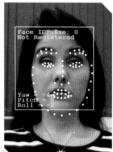
SUBIR CEJAS

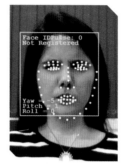
BAJAR CEJAS

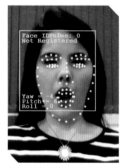
BAJAR BARBILLA

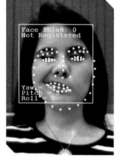
MEDIA SONRISA

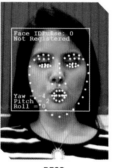
BESO

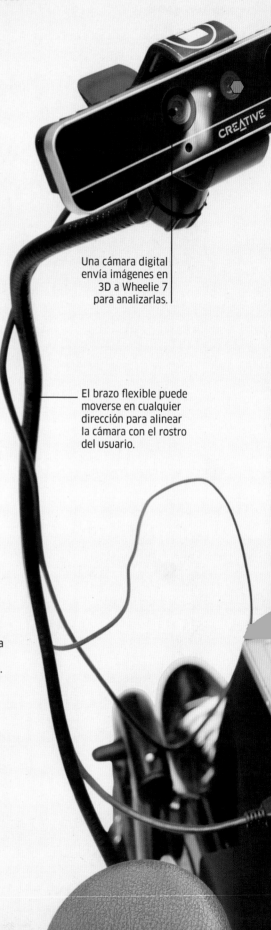

Una cámara digital envía imágenes en 3D a Wheelie 7 para analizarlas.

El brazo flexible puede moverse en cualquier dirección para alinear la cámara con el rostro del usuario.

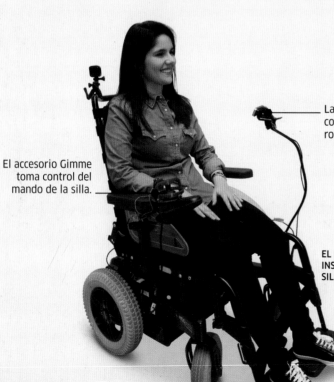

El accesorio Gimme toma control del mando de la silla.

La cámara registra continuamente el rostro del usuario.

EL KIT WHEELIE 7 INSTALADO EN UNA SILLA DE RUEDAS

DETECTAR EXPRESIONES

El software del Wheelie 7 analiza 78 puntos del rostro de una persona. Al juzgar los cambios de distancia entre cada punto, detecta nueve expresiones faciales diferentes, como «sonrisa completa», «beso» y «sacar la lengua».

En cada ceja se analizan ocho puntos.

El software de reconocimiento facial analiza las imágenes para detectar expresiones.

ROBOT **DE ASISTENCIA MÉDICA**

WHEELIE 7

Imagina controlar una máquina con solo levantar una ceja o sacar la lengua. Pues bien, eso es exactamente lo que hace el asistente robótico Wheelie 7. Este dispositivo, diseñado para ayudar a personas con movilidad reducida, reconoce expresiones faciales (que captura con una cámara digital especial) y las convierte en órdenes para mover una silla de ruedas motorizada. El «7» del nombre se refiere a lo fácil que es su instalación: solo hacen falta siete minutos en una silla de ruedas normal.

FABRICANTE
Anki

ORIGEN
EE. UU.

ROBOT **SOCIAL**

COZMO

Cozmo tiene poca estatura y un gran cerebro, y está siempre listo para divertirse. Este espíritu libre va por la vida buscando aventuras. El competitivo Cozmo viene cargado de juegos, ¡así que prepárate para un baile de la victoria si te vence! Pero, cuidado: es un mal perdedor y, si no gana, se pone de muy mal humor. Cuando está cansado, duerme en su estación de carga, donde podrás oírlo roncar. Pero no pienses que es un juguete más: es lo bastante inteligente como para reconocer a las personas y reaccionar a sus expresiones faciales.

Sus brazos robóticos levantan o dejan cubos a modo de palancas.

Se puede jugar a diferentes juegos con los cubos interactivos.

Una cámara frontal, un sistema de visión de inteligencia artificial y software de reconocimiento facial le permiten examinar continuamente el entorno y reconocer a la gente.

COZMO APILANDO CUBOS

ROSTROS CAMBIANTES

Las «emociones» del robot provienen de su «generador de emociones». En su pantalla de alta definición, los ojos azules de Cozmo cambian de forma y tamaño para expresar una gran gama de sentimientos. La tecnología de reconocimiento facial le permite examinar su entorno y alegrarse cuando ve una cara conocida.

NEUTRO

FELIZ

TRISTE

LANZAMIENTO
2016

ALTURA
25 cm

PESO
1,36 kg

ALIMENTACIÓN
Batería

CARACTERÍSTICAS
Robótica avanzada e
inteligencia artificial

45

CÓMO FUNCIONA

Cozmo usa la capacidad de procesamiento del smartphone o la tableta de su dueño para cobrar vida. El dueño descarga una aplicación gratuita que se conecta a Cozmo y le permite acceder a varias funciones, como juegos e interacciones especiales con el robot. La cámara de su rostro es lo bastante sofisticada como para interpretar su entorno, como por ejemplo sus cubos, y también para leer las expresiones faciales de la gente.

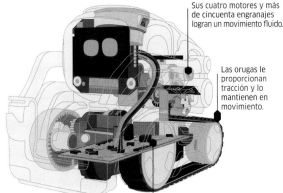

Sus cuatro motores y más de cincuenta engranajes logran un movimiento fluido.

Las orugas le proporcionan tracción y lo mantienen en movimiento.

La unidad central de procesamiento incorporada se ocupa de los datos que Cozmo recoge.

❝El carácter de este robot tiene un nivel y una personalidad que hasta ahora solo había visto en las películas.❞

Boris Sofman, director ejecutivo de **Anki**

Cozmo está hecho de más de trescientas partes a prueba de caídas para asegurar su longevidad.

Sus orugas van mejor en superficies lisas y limpias.

CONTROL DE CÓDIGOS

Cozmo Code Lab es un sistema de programación simplificado que permite a completos inexpertos empezar a introducir códigos de nuevos contenidos en Cozmo. Al arrastrar y soltar bloques de código en la pantalla, los usuarios pueden explorar las funciones robóticas de animación, reconocimiento facial y de objetos, manipulación y movimiento, tras lo cual Cozmo se ocupa de que el código cobre vida.

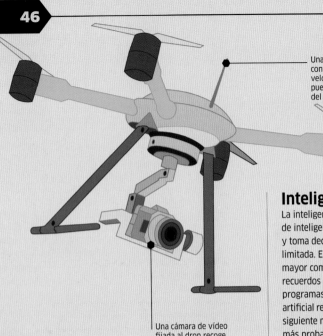

Una antena de radio recibe señales del controlador en tierra. Al cambiar la velocidad de los rotores, el operador puede cambiar la altitud y la dirección del dron.

Una cámara de vídeo fijada al dron recoge imágenes aéreas.

Máquinas dirigidas

En el nivel más bajo de la escala de inteligencia se encuentran las máquinas dirigidas, las cuales, aunque pueden ser muy útiles, no piensan por sí mismas. En lugar de ello, necesitan a un humano que tome decisiones por ellas, por lo que numerosos expertos en robótica no las consideran robots. Los drones y los vehículos aéreos no tripulados (VANT) se encuentran bajo el control de un operador humano que se comunica con el aparato por medio de señales de radio.

Un control remoto de dos palancas sirve para manejar un dron. Con este dispositivo, una persona puede controlar la velocidad, la altitud y la dirección de vuelo del dron.

Inteligencia artificial reactiva

La inteligencia artificial reactiva es una forma básica de inteligencia en la que la máquina procesa datos y toma decisiones dentro de un área de actividad limitada. Esta inteligencia artificial no adquiere una mayor comprensión de lo que hace ni genera recuerdos de sus decisiones y acciones. Los programas de ajedrez inteligentes usan inteligencia artificial reactiva simulando los resultados de su siguiente movimiento y calculando la respuesta más probable de su oponente. A pesar de sus limitaciones, este tipo de inteligencia artificial puede ser muy efectivo: en 2006, el programa de inteligencia artificial reactiva Deep Fritz derrotó al campeón mundial ruso Vladimir Kramnik.

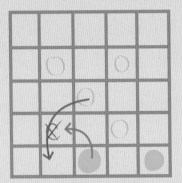

Análisis de inteligencia artificial

La inteligencia artificial analiza constantemente su posición durante una partida de damas. Descarta el movimiento que se muestra arriba, pues predice que su oponente capturaría una de las dos piezas que le quedan.

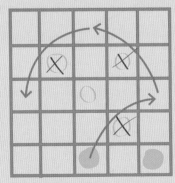

Decisiones de inteligencia artificial

En este caso, se decide por un movimiento que captura tres piezas de su oponente de una sola vez. Como esto inclinará la partida en su favor, selecciona esta opción. Para cada movimiento, se simulan todos los movimientos que puede hacer y las posibles respuestas de su oponente.

Robots autónomos

Los robots autónomos son aquellos que pueden trabajar durante largos períodos de tiempo sin aportación o supervisión humana. Para poseer autonomía, un robot necesita ser consciente de su entorno, es decir, tener percepción, que adquiere mediante sensores y software. También debe ser capaz de tomar decisiones basadas en lo que perciben sus sensores y de llevar a cabo acciones basadas en sus decisiones. Algunos robots de exploración submarina y muchos robots de limpieza doméstica poseen altos niveles de autonomía.

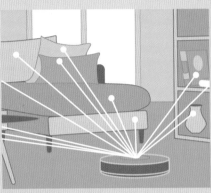

Roomba 980

Este robot aspirador usa datos de su cámara y demás sensores para elaborar un mapa visual detallado y continuamente actualizado de su entorno que incluye su propia posición. Es capaz de decidir qué dirección tomar, elegir diferentes estrategias de limpieza y evitar los obstáculos. Sus sensores de caída buscan continuamente desniveles para no caerse por las escaleras.

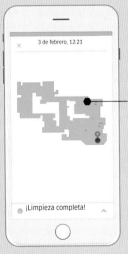

El mapa de su entorno que elabora el robot puede descargarse en un smartphone para que el dueño del robot vea dónde ha limpiado ya.

Crear mapas

El robot registra dónde ha limpiado ya y los posibles problemas que hayan surgido durante la sesión de limpieza. Puede sentir cuándo su batería está baja y se orienta por sí solo hacia su estación de carga. Tras recargar, sigue limpiando a partir de su última posición.

INTELIGENCIA ROBÓTICA

¿Qué queremos decir cuando hablamos de robots «inteligentes»? Los expertos en robots tienen diferentes opiniones. Una definición simple de inteligencia es la habilidad para adquirir conocimiento y habilidades y ser capaz de aplicarlas de alguna forma, como por ejemplo resolviendo problemas o realizando tareas útiles. Hay muchos robots que recogen información por medio de sensores, pero no todos son capaces de tomar decisiones basándose en ella. Los verdaderos robots inteligentes toman decisiones, se adaptan a nuevas tareas e incluso alteran información y habilidades ya aprendidas para enfrentarse a ellas.

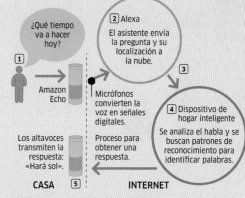

1 ¿Qué tiempo va a hacer hoy?

Amazon Echo

Micrófonos convierten la voz en señales digitales.

2 Alexa
El asistente envía la pregunta y su localización a la nube.

3

4 Dispositivo de hogar inteligente
Se analiza el habla y se buscan patrones de reconocimiento para identificar palabras.

Los altavoces transmiten la respuesta: «Hará sol».

Proceso para obtener una respuesta.

CASA 5 INTERNET

Asistentes domésticos

Los dispositivos que funcionan como asistentes personales parecen altamente inteligentes porque entienden el habla y responden a peticiones y preguntas de los usuarios. En realidad, lo único que hacen es pasar preguntas y peticiones a un potente asistente con inteligencia artificial en la nube, es decir, en el software y los servicios almacenados en la red. Allí, algoritmos de inteligencia artificial buscan las respuestas más comunes analizando miles de peticiones previas. Cuando se encuentra una solución, se envía al asistente personal a través de internet.

Tiendas automatizadas

Inteligencia artificial, una amplia gama de sensores y algoritmos informáticos especiales se están combinando para crear nuevos tipos híbridos de inteligencia. Gracias a esta inteligencia híbrida, en los supermercados del futuro no habrá ni cajeros, ni cestas de la compra ni largas colas para pagar. En vez de ello, meterás tus compras en tu bolsa y saldrás directamente de la tienda.

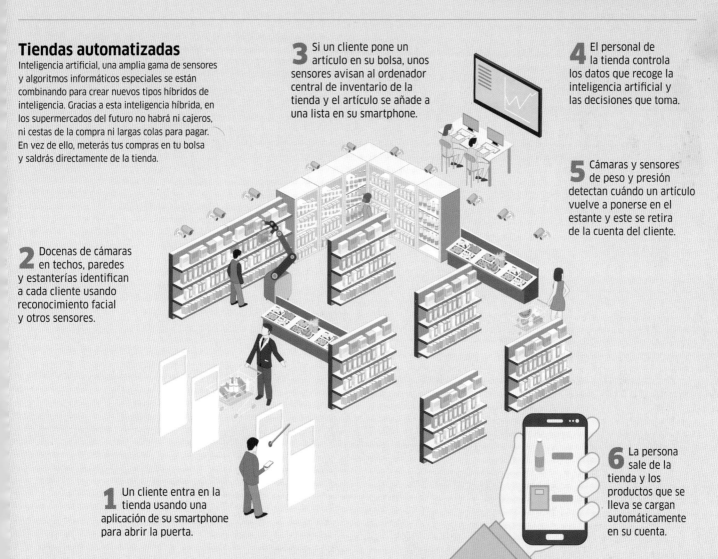

3 Si un cliente pone un artículo en su bolsa, unos sensores avisan al ordenador central de inventario de la tienda y el artículo se añade a una lista en su smartphone.

4 El personal de la tienda controla los datos que recoge la inteligencia artificial y las decisiones que toma.

5 Cámaras y sensores de peso y presión detectan cuándo un artículo vuelve a ponerse en el estante y este se retira de la cuenta del cliente.

2 Docenas de cámaras en techos, paredes y estanterías identifican a cada cliente usando reconocimiento facial y otros sensores.

1 Un cliente entra en la tienda usando una aplicación de su smartphone para abrir la puerta.

6 La persona sale de la tienda y los productos que se lleva se cargan automáticamente en su cuenta.

FABRICANTE
Leka

ORIGEN
Francia

DESARROLLO
2015

ALIMENTACIÓN
Batería

CARACTERÍSTICAS
Sensores múltiples y
pantalla incorporada

ROBOT SOCIAL
LEKA

Para niños con problemas de aprendizaje, un adorable
robot social puede marcar la diferencia. Te presentamos
a Leka, un simpático compañero para jugar, aprender y
comunicarse. Esta pelota robótica de múltiples sensores
puede programarse para necesidades individuales y
genera informes dirigidos a padres y cuidadores
para beneficiarse de un aprendizaje y
un desarrollo a largo plazo.

UNA PELOTA DE EMOCIÓN

El rostro de Leka cambia de
expresión y las luces led
cambian de color para
transmitir «emociones»
comprensibles para los niños.
Estas expresiones les ayudan
a responder a demostraciones
similares en otros niños y adultos.

LISTO PARA LA ACCIÓN

En cuanto levantamos del suelo el aparato, Leka pasa del modo
dormir a la hora de jugar abriendo los ojos y sonriendo. Además
de los juegos, Leka enseña información de manera constante,
pues la repetición es crucial para interactuar con niños con
necesidades especiales.

Los sentidos primarios
del niño quedan
absortos por luces led
coloridas y calmantes,
sonidos apaciguadores
y vibraciones
relajantes. Está
demostrado que esto
ayuda a reducir los
niveles de estrés y
ansiedad.

El rostro robótico de Leka se convierte en
una pantalla para fotos, vídeos o juegos,
a los que se juega con la tableta. Los juegos
de memoria que
se repiten mejoran
el aprendizaje del
niño.

Leka se pone triste si se
manipula con violencia.

Sus motores interiores
le permiten rodar.

"Nuestra misión es ayudar a los niños a vivir una vida excepcional **reduciendo las desigualdades de aprendizaje**... "

Ladislas de Toldi, fundador de **LEKA**

CÓMO FUNCIONA

El niño usa una aplicación de tableta para hacer que Leka juegue y se mueva. Las interacciones del niño con Leka y con la aplicación se registran y se convierten en datos y gráficos. Los padres y cuidadores pueden usar esa información para ver cómo avanza. También pueden usar la tableta para jugar con él a través de Leka.

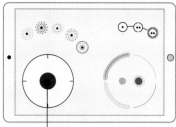

El usuario puede determinar en qué dirección se mueve Leka.

Leka sonríe para animar al niño a progresar.

EN EL TRABAJO

La gran mayoría de los robots se usan para realizar trabajos peligrosos, desagradables o aburridos en fábricas de todo el mundo. Los robots modernos son muy eficientes ahorrando tiempo y esfuerzo, y llevan a cabo sus tareas sin cansarse.

FABRICANTE
KUKA AG

ORIGEN
Alemania

LANZAMIENTO
2014

ROBOT **DE TRABAJO**

LBR iiwa

Un nuevo tipo de robot está llegando a las fábricas de todo el mundo. Con su cobertura blanda y su paquete de sensores inteligentes, el LBR iiwa (asistente inteligente para trabajo industrial) es un brazo robótico ligero y altamente flexible que se mueve con fluidez y puede instalarse en cualquier lugar. Su gama de funciones de seguridad lo convierte en un compañero de trabajo productivo: puedes trabajar a su lado sin miedo de resultar lesionado.

> **❝**Ahora que tenemos unos **robots tan sensibles**, podemos desarrollar para ellos aplicaciones completamente nuevas.**❞**
>
> *Christina Heckl*, ingeniera de **KUKA**

Sensores especiales en cada articulación detienen el brazo si notan un contacto inesperado con algún objeto.

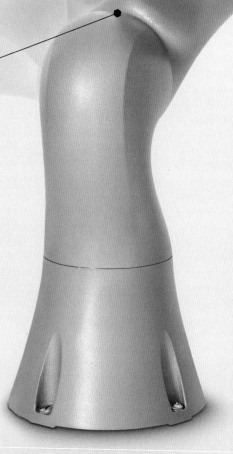

BAJO CONTROL

El LBR iiwa se puede programar de antemano y también se le puede enseñar mediante demostraciones o con su controlador SmartPAD. Este resistente dispositivo de pantalla táctil pesa 1,1 kg y se comunica con el robot de forma inalámbrica. Las teclas a la izquierda de la pantalla pueden mover cada articulación del robot hasta fracciones de centímetro.

Botón de parada de emergencia

La pantalla táctil muestra opciones de menú e iconos.

ALTURA
1,3 m

PESO
30 kg

ALIMENTACIÓN
Electricidad

CARACTERÍSTICAS
Planea su itinerario
y sus acciones

53

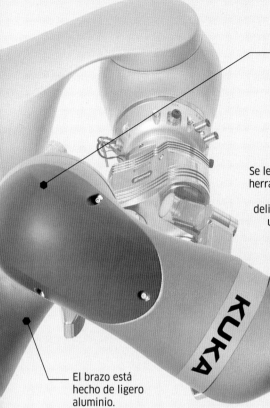

Este codo es una de las siete articulaciones móviles que lo dotan de gran flexibilidad.

Se le pueden instalar diferentes herramientas, como agarradores para objetos pequeños y delicados, un remachador para unir planchas de metal o un atornillador eléctrico para apretar tuercas y tornillos.

El brazo está hecho de ligero aluminio.

CÓMO FUNCIONA

Cada una de sus siete articulaciones posee una amplia gama de movimientos y está impulsada por motores eléctricos de alta precisión. Estos se combinan para que el robot llegue a todos los rincones. Sus movimientos tienen una precisión de hasta 0,1 mm, lo cual lo hace ideal para montar objetos pequeños y complejos como componentes electrónicos.

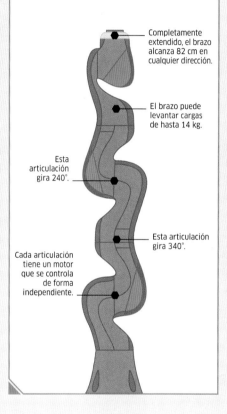

Completamente extendido, el brazo alcanza 82 cm en cualquier dirección.

El brazo puede levantar cargas de hasta 14 kg.

Esta articulación gira 240°.

Esta articulación gira 340°.

Cada articulación tiene un motor que se controla de forma independiente.

AGARRADOR

Los agarradores acolchados del robot pueden cerrarse para sujetar un objeto en tan solo dieciocho milisegundos. Su fuerza se puede ajustar programándola o con el controlador SmartPAD.

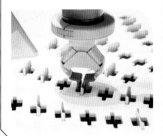

La fuerza del agarrador se reduce para manipular un objeto delicado, como por ejemplo un huevo, pero puede incrementarse para apretar cierres o para manipular objetos pesados.

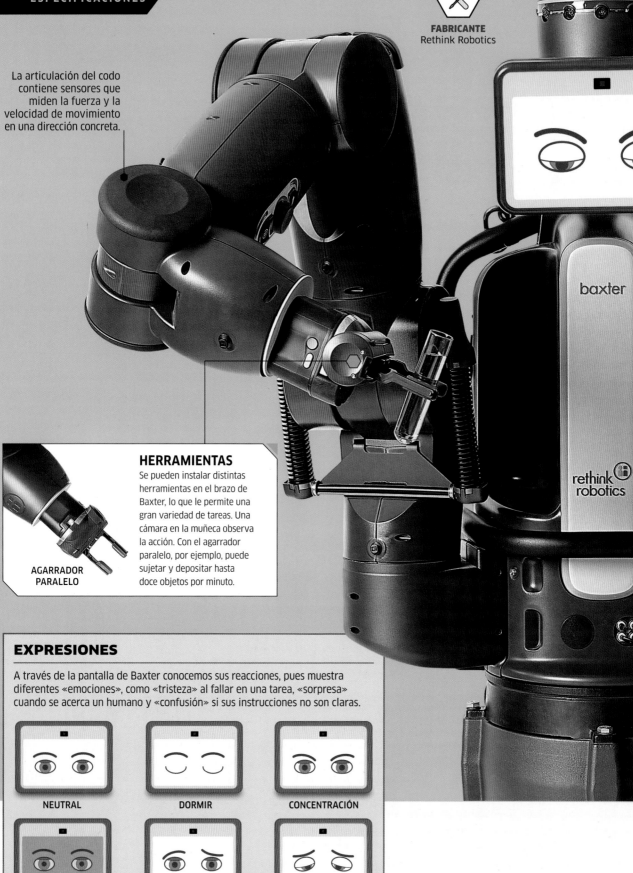

FABRICANTE
Rethink Robotics

La articulación del codo contiene sensores que miden la fuerza y la velocidad de movimiento en una dirección concreta.

baxter

rethink robotics

HERRAMIENTAS

Se pueden instalar distintas herramientas en el brazo de Baxter, lo que le permite una gran variedad de tareas. Una cámara en la muñeca observa la acción. Con el agarrador paralelo, por ejemplo, puede sujetar y depositar hasta doce objetos por minuto.

AGARRADOR PARALELO

EXPRESIONES

A través de la pantalla de Baxter conocemos sus reacciones, pues muestra diferentes «emociones», como «tristeza» al fallar en una tarea, «sorpresa» cuando se acerca un humano y «confusión» si sus instrucciones no son claras.

NEUTRAL

DORMIR

CONCENTRACIÓN

SORPRESA

CONFUSIÓN

TRISTEZA

ORIGEN
EE. UU.

LANZAMIENTO
2012

ALTURA
1,9 m con
pedestal

PESO
138,7 kg
con pedestal

ALIMENTACIÓN
Batería

CARACTERÍSTICAS
Articulaciones motorizadas
con sensores de resistencia
y de colisión

ROBOT **COLABORATIVO**

BAXTER

Baxter, uno de los robots colaborativos más versátiles, tiene dos brazos idénticos, es muy fácil de entrenar y tiene una cara muy expresiva. Las cinco cámaras instaladas en su cabeza, su cuerpo y sus brazos, combinadas con los sensores de fuerza de sus articulaciones, ayudan a Baxter a no chocar con otros objetos y, sobre todo, con seres humanos. En caso de que efectivamente choque contra algo, deja de moverse de inmediato, lo cual hace que trabajar con él sea seguro para los seres humanos.

Cada brazo está impulsado por motores eléctricos y tiene un alcance de 120 cm. Los brazos pueden levantar hasta 2,2 kg de peso.

Estos botones de orientación sirven para entrenar a Baxter en una nueva tarea.

El agarrador de vacío usa una bomba para crear succión y levantar objetos delicados.

CÓMO FUNCIONA

A Baxter se le puede enseñar una tarea sencilla sin necesidad de programación. Cuando está en modo de entrenamiento, una persona puede guiar físicamente al robot para que ejecute una serie de acciones, que después este recuerda y repite con precisión.

Para enseñarle a tomar objetos de una cinta y ponerlos en una caja, el entrenador sitúa el brazo robótico sobre el objeto y pulsa el botón de orientación.

La cámara de muñeca de Baxter se enfoca en un objeto y lo muestra en la pantalla. Si el entrenador confirma que es el objeto correcto, Baxter lo agarra.

El entrenador coloca el brazo robótico sobre el destino final del objeto. Baxter usa sus sensores para meter el objeto en la caja. Tras grabar la tarea, Baxter puede repetirla una y otra vez.

Un pedestal con ruedas permite que Baxter se mueva con facilidad.

VISTA FRONTAL

Programación con terminal de aprendizaje

En este método de programación, un operario humano controla el robot con un dispositivo manual llamado terminal de aprendizaje. Los mandos del terminal le permiten ordenar al robot que se mueva de un lugar a otro y realice unas acciones en cierta secuencia. Estas instrucciones se almacenan en forma de programa, por lo que el robot puede repetir las acciones y realizar la tarea si el programa se ejecuta de nuevo. Los programas muy grandes suelen dividirse en unidades más pequeñas llamadas subprogramas. Esto hace que sea más fácil para el operador dar instrucciones al robot y hacer cambios más tarde. El método del terminal se usa a menudo para robots industriales que sueldan vehículos, pintan con pistola, colocan piezas, y cargan y descargan otras máquinas de la fábrica.

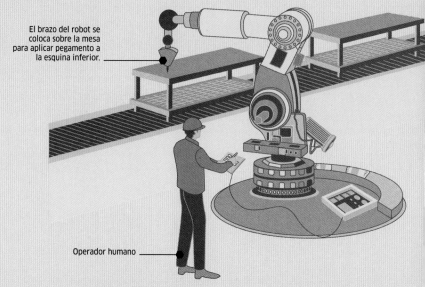

El brazo del robot se coloca sobre la mesa para aplicar pegamento a la esquina inferior.

Operador humano

1 Aprendizaje

Con un terminal de aprendizaje en la mano, el operario ordena al robot industrial que aplique pegamento a cada una de las esquinas de una mesa en una cadena de producción. El robot recibe instrucciones de moverse relativamente despacio para mayor seguridad y eficacia.

Características de los terminales

Hay terminales de aprendizaje que se conectan con un cable al robot o a la estación de trabajo, y hay otros que son inalámbricos y se comunican con el robot por señales de radio. Los terminales modernos aprovechan los avances en tecnología informática: cuentan con métodos de programación más fáciles y permiten controlar robots más complejos. Los terminales suelen ser resistentes y a prueba de polvo, de golpes y de salpicaduras. Se adaptan a las tareas de los robots que controlan. Poseen funciones que se pueden usar solas o en combinación con otras para facilitar el trabajo de los operarios.

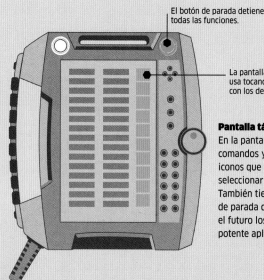

La pequeña palanca de mando se maneja con el pulgar y el índice.

Palanca de mando

Una palanca de mando es un simple controlador o dispositivo de entrada. Los más básicos permiten al operario mover algo hacia arriba, hacia abajo, hacia la izquierda o hacia la derecha, y los más avanzados permiten movimientos precisos de 360°. El operario de un terminal puede guiar al robot paso a paso usando la palanca de mando. En cada momento, puede usar las teclas de precisión para realizar pequeños ajustes en la posición del robot.

Dependiendo del sistema, el programa también puede registrar la presión y la velocidad que emplea el operario cuando introduce instrucciones.

La pantalla muestra información importante, como la última instrucción recibida y la posición final del elemento terminal.

Rueda

Rueda

Algunos terminales tienen ruedas que se pueden girar para mostrar en la pantalla una serie de opciones. Las teclas numéricas pueden usarse para introducir valores específicos de una orden, como por ejemplo mover una de las articulaciones del robot un cierto número de grados.

El botón de parada detiene todas las funciones.

La pantalla táctil a color se usa tocando y arrastrando con los dedos.

Pantalla táctil

En la pantalla de los terminales aparecen comandos y opciones, a menudo como iconos que los usuarios pueden seleccionar con un toque del dedo. También tienen filas de teclas y un botón de parada de emergencia. Puede que en el futuro los terminales sean solo una potente aplicación para smartphone.

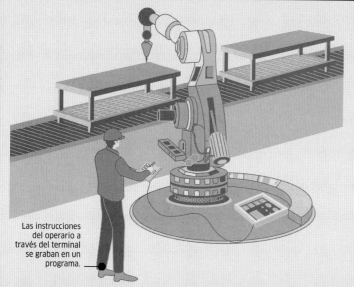

Las instrucciones del operario a través del terminal se graban en un programa.

2 Grabar y probar

En cada fase del aprendizaje, el robot graba sus movimientos y acciones y los almacena en forma de programa. Después, se le puede ordenar que ejecute de nuevo el programa para probarlo. El operario puede detener el programa en cualquier momento para editarlo y modificarlo y, así, obtener la precisión necesaria y la velocidad ideal.

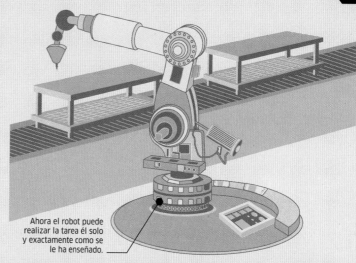

Ahora el robot puede realizar la tarea él solo y exactamente como se le ha enseñado.

3 Acción

Una vez completadas las modificaciones y las pruebas, el terminal de aprendizaje se desconecta y el robot se pone a trabajar. La velocidad de movimiento de las partes del robot puede incrementarse para que realice la tarea más rápidamente o para ponerse al mismo ritmo que el resto de los robots y máquinas que trabajan en la cadena de producción.

PROGRAMAR EN LÍNEA

Un nuevo robot llega a una cadena de montaje. Por brillante que sea, no sirve de mucho hasta que no reciba instrucciones. La programación en línea consiste en programar al robot directamente en su lugar de trabajo, como por ejemplo la cadena de montaje de una fábrica. Puede usarse para dar instrucciones a un robot nuevo o para cambiar el funcionamiento de uno ya instalado. A veces lleva mucho tiempo, pero, afortunadamente, hay formas de simplificar y acelerar el proceso.

Programación por demostración

A medida que avanza la tecnología robótica, un método cada vez más popular de programar en línea es la programación guiada. Consiste en que un operario humano demuestra o describe una tarea a un robot, normalmente moviéndolo físicamente para cada acción requerida en el orden adecuado. El robot almacena las instrucciones y movimientos en su memoria y puede repetirlos con precisión para realizar la tarea. Esta forma de instruir al robot requiere poco o nulo conocimiento de programación por parte del operario, aunque este debe saber realizar la tarea que el robot va a copiar.

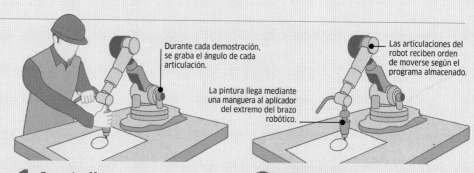

Durante cada demostración, se graba el ángulo de cada articulación.

La pintura llega mediante una manguera al aplicador del extremo del brazo robótico.

Las articulaciones del robot reciben orden de moverse según el programa almacenado.

1 Demostración

El operador humano guía el brazo robótico a través de los movimientos necesarios para trazar las letras y los números de una señal. En cada fase de la tarea, el robot graba y almacena en su memoria la posición de sus partes y las acciones que realiza.

2 Acción

Cuando se le ordena, el robot puede ejecutar de nuevo cada paso de la tarea y repetirla a gran velocidad y con precisión infalible, una y otra vez. Este método de programación tiende a ser más rápido que el aprendizaje por medio de terminal.

FABRICANTE
Intuitive Surgical, Inc.

ORIGEN
EE. UU.

LANZAMIENTO
2000

ALIMENTACIÓN
Electricidad

ROBOT **DIRIGIDO**

SISTEMA QUIRÚRGICO DA VINCI

Muchas personas pueden pensar que un robot cirujano es algo terrorífico, pero el sistema quirúrgico Da Vinci no es un robot cualquiera. Es capaz de mover un instrumento quirúrgico del tamaño de un grano de arroz con una precisión de hasta fracciones de milímetro. Sin embargo, no puede realizar operaciones de forma autónoma: actúa como una herramienta que debe manejar una persona. Casi cuatro mil unidades del sistema quirúrgico da Vinci están en funcionamiento en todo el mundo y ya acumulan más de tres millones de operaciones desde el año 2000.

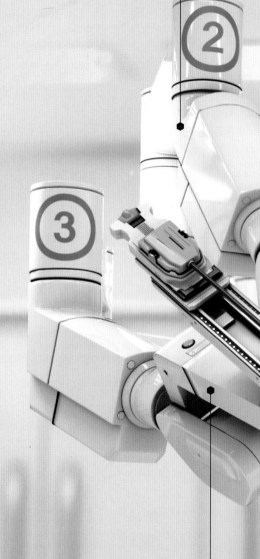

Las articulaciones motorizadas permiten una gran gama de movimientos.

La escala de movimiento de cada brazo se puede ajustar para que solo se desplace una pequeña fracción de cada movimiento del cirujano, lo que permite un control más preciso del robot durante la operación.

CÓMO FUNCIONA

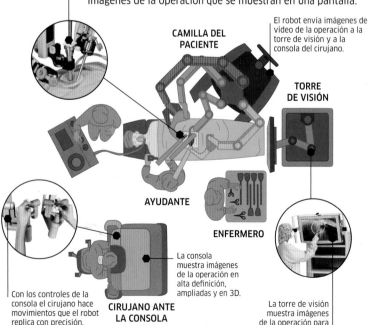

El cirujano, sentado ante la consola, da instrucciones al robot mediante pedales y controles manuales. Sus movimientos son replicados al instante por los brazos del robot, que manipulan minúsculos instrumentos. El personal médico monitoriza al paciente en todo momento a través de las imágenes de la operación que se muestran en una pantalla.

Los diminutos instrumentos adaptables al brazo son muy flexibles.

El robot envía imágenes de vídeo de la operación a la torre de visión y a la consola del cirujano.

CAMILLA DEL PACIENTE

TORRE DE VISIÓN

AYUDANTE

ENFERMERO

La consola muestra imágenes de la operación en alta definición, ampliadas y en 3D.

Con los controles de la consola el cirujano hace movimientos que el robot replica con precisión.

CIRUJANO ANTE LA CONSOLA

La torre de visión muestra imágenes de la operación para todo el quirófano.

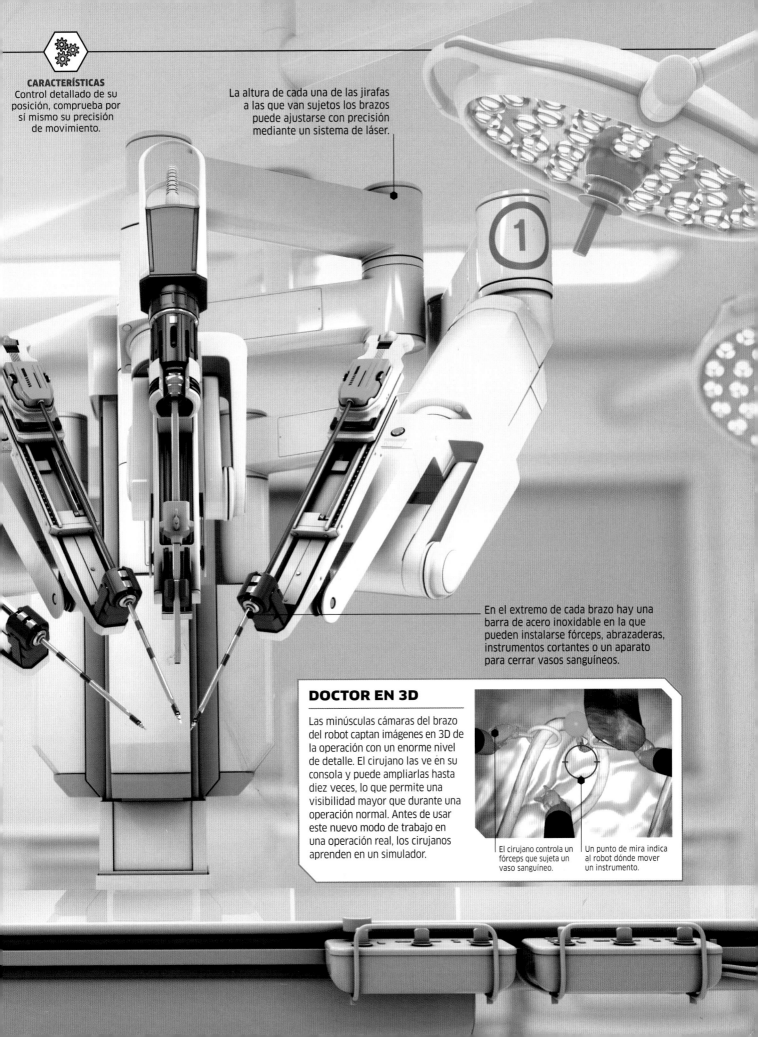

Control detallado de su
posición, comprueba por
sí mismo su precisión
de movimiento.

La altura de cada una de las jirafas
a las que van sujetos los brazos
puede ajustarse con precisión
mediante un sistema de láser.

En el extremo de cada brazo hay una
barra de acero inoxidable en la que
pueden instalarse fórceps, abrazaderas,
instrumentos cortantes o un aparato
para cerrar vasos sanguíneos.

DOCTOR EN 3D

Las minúsculas cámaras del brazo
del robot captan imágenes en 3D de
la operación con un enorme nivel
de detalle. El cirujano las ve en su
consola y puede ampliarlas hasta
diez veces, lo que permite una
visibilidad mayor que durante una
operación normal. Antes de usar
este nuevo modo de trabajo en
una operación real, los cirujanos
aprenden en un simulador.

El cirujano controla un
fórceps que sujeta un
vaso sanguíneo.

Un punto de mira indica
al robot dónde mover
un instrumento.

VALIOSO APARCACOCHES

El aparcacoches electrónico **Stan** usa tecnología de sensores para levantar nuestro coche y llevarlo a la plaza de aparcamiento más cercana. Este servicio de aparcacoches es insuperable: los clientes sencillamente dejan su coche en el aeropuerto, confirman su reserva en una pantalla táctil, cierran el coche y dejan que el robot haga el resto. Actualmente, Stan opera en el aeropuerto Charles De Gaulle, en París, Francia, donde cada uno de los robots tiene a su cargo hasta cuatrocientas plazas.

▶ Stan se desliza bajo las cuatro ruedas del coche y lo lleva al aparcamiento.

UN GRAN VIGILANTE

El trabajo de **Cobalt**, como el de un vigilante de seguridad, es proteger oficinas, tiendas y almacenes. Este robot de interior patrulla los edificios día y noche para informar sobre actividades sospechosas. Cobalt tiene sesenta sensores (además de cámaras y equipamiento de audio) para detectar problemas como puertas abiertas, roturas de cañerías o visitantes inesperados. También utiliza funciones de detección de monóxido de carbono y humo, así como un escáner para leer y verificar las tarjetas de identificación de los trabajadores.

◀ Este robot de tamaño humano tiene una pantalla táctil para interactuar con las personas.

▲ Cobalt puede patrullar a baja velocidad sin interrumpir la actividad diaria de las personas.

BRAZO FLEXIBLE

De la integración de robots y láseres surge **LaserSnake**, una tecnología revolucionaria para espacios peligrosos. Este brazo robótico parecido a una serpiente cuenta con articulaciones flexibles, cámaras HD y luces led, y sus sistemas electrónicos se controlan a distancia. Para desmantelar una batería atómica en una central nuclear, el LaserSnake puede cortar y desmontar componentes radiactivos sin ningún riesgo para las vidas humanas, poniendo la seguridad ante todo y, además, abaratando costes.

Cabezal cortador con láser de alta potencia

▶ El LaserSnake es hueco por dentro para así poder albergar diversos cables, tubos y láseres.

TRABAJO DURO

Con el ritmo frenético de la vida moderna, siempre son bienvenidas nuevas formas de ahorrar tiempo, esfuerzo y dinero. Los robots se usan cada vez más para evitarnos trabajo. Se prevé que para el año 2030 habrá cientos de millones de robots trabajando junto a empleados humanos. Desde tareas básicas como reponer productos en un supermercado hasta peligrosas misiones en centrales nucleares, los robots más recientes cumplen con su cometido.

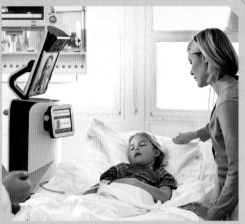

▲ Un sistema de cámara bilateral permite la interacción a distancia entre doctor y paciente.

AYUDANTE DE HOSPITAL

El **RP-VITA** es un robot diseñado para ayudar a los profesionales médicos a compartir información con colegas y pacientes. Se lo conoce como un robot «remoto», pues permite a los médicos examinar a los pacientes y acceder a su información a pesar de no estar físicamente con ellos. Puede obtener información mediante una conexión remota con máquinas sanitarias como estetoscopios digitales y ultrasonidos. El RP-VITA ya se usa en algunos hospitales de Estados Unidos, donde los médicos pueden monitorizar a sus pacientes desde cualquier lugar del mundo.

AYUDANTE DE SUPERMERCADO

El robot **Tally** es el perfecto reponedor de supermercado. Puede trabajar doce horas seguidas junto a colegas y clientes. Por medio de cámaras y sensores, este robot de almacén inspecciona los estantes para hallar productos caducados, mal colocados o que hay que reponer. Tally puede registrar veinte mil artículos con una precisión superior al 96 por ciento.

▲ Tally se mueve entre los estantes del supermercado sobre una base con ruedas.

◀ Una función de recarga automática mantiene el RP-VITA cargado permanentemente en caso de emergencia médica.

ESFERA DE VIGILANCIA

Este **GroundBot** esférico viene equipado con cámaras y sensores para incrementar la seguridad en lugares públicos como aeropuertos, puertos y almacenes, y por un coste mucho menor de lo habitual. Puede controlarse a distancia o bien programarse para que use un GPS. Además, su diseño ultraligero le permite vigilar silenciosamente a velocidades de 10 km/h durante dieciséis horas.

▲ Todos los datos que recoge Tally están disponibles en una aplicación en la nube.

▶ Una serie de cámaras y sensores se encuentran instalados de forma segura dentro de la esfera.

PROGRAMACIÓN FUERA DE LÍNEA

Los robots necesitan instrucciones detalladas para realizar una tarea. En la programación fuera de línea, se usa software para diseñar, cifrar y depurar (arreglar) de antemano un programa o para instalarlo en el robot. La programación en línea (en la que un operario enseña a un robot a realizar una tarea) lleva mucho tiempo. La programación fuera de línea es más rápida, pues se puede trabajar sobre los programas independientemente del robot, de modo que las instrucciones se cargan en este cuando están listas. Se pueden cargar programas en el robot de forma inalámbrica o a través de un enlace físico como una tarjeta de memoria o un cable.

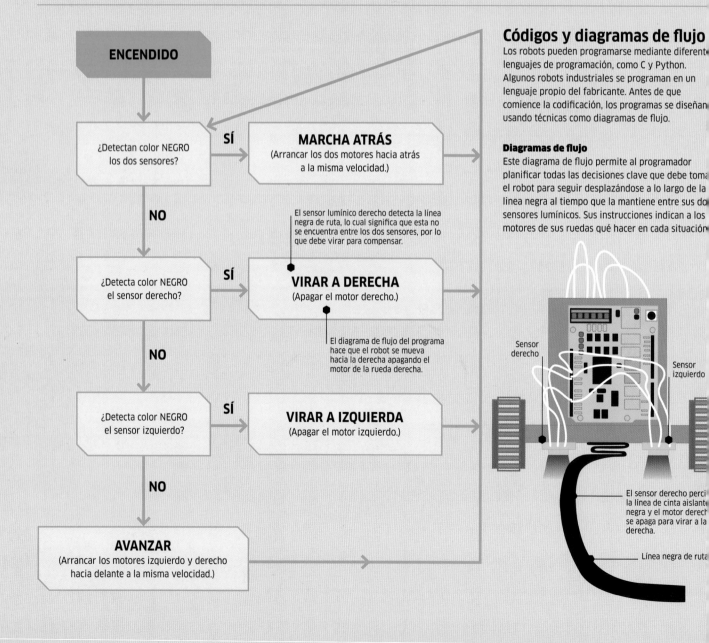

ENCENDIDO

¿Detectan color NEGRO los dos sensores?

SÍ

MARCHA ATRÁS
(Arrancar los dos motores hacia atrás a la misma velocidad.)

NO

El sensor lumínico derecho detecta la línea negra de ruta, lo cual significa que esta no se encuentra entre los dos sensores, por lo que debe virar para compensar.

¿Detecta color NEGRO el sensor derecho?

SÍ

VIRAR A DERECHA
(Apagar el motor derecho.)

El diagrama de flujo del programa hace que el robot se mueva hacia la derecha apagando el motor de la rueda derecha.

NO

¿Detecta color NEGRO el sensor izquierdo?

SÍ

VIRAR A IZQUIERDA
(Apagar el motor izquierdo.)

NO

AVANZAR
(Arrancar los motores izquierdo y derecho hacia delante a la misma velocidad.)

Códigos y diagramas de flujo

Los robots pueden programarse mediante diferente lenguajes de programación, como C y Python. Algunos robots industriales se programan en un lenguaje propio del fabricante. Antes de que comience la codificación, los programas se diseñan usando técnicas como diagramas de flujo.

Diagramas de flujo

Este diagrama de flujo permite al programador planificar todas las decisiones clave que debe toma el robot para seguir desplazándose a lo largo de la línea negra al tiempo que la mantiene entre sus do sensores lumínicos. Sus instrucciones indican a los motores de sus ruedas qué hacer en cada situación

Sensor derecho

Sensor izquierdo

El sensor derecho perci la línea de cinta aislante negra y el motor derech se apaga para virar a la derecha.

Línea negra de ruta

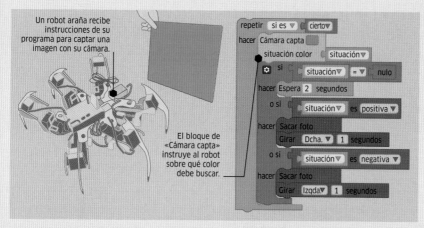

Un robot araña recibe instrucciones de su programa para captar una imagen con su cámara.

El bloque de «Cámara capta» instruye al robot sobre qué color debe buscar.

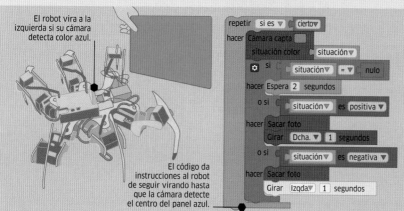

El robot vira a la izquierda si su cámara detecta color azul.

El código da instrucciones al robot de seguir virando hasta que la cámara detecte el centro del panel azul.

Bloque a bloque

A medida que aumenta el número de robots, están apareciendo modos de programar más fáciles y más universales. Un buen ejemplo es el sistema operativo robótico (ROS), un conjunto de herramientas que los programadores pueden usar para construir sus programas. Robot Blockly está basado en ROS pero hace que el codificado sea más fácil para el usuario, pues representa los comandos por medio de bloques de colores, de forma parecida al lenguaje de programación Scratch. Los bloques se unen para formar secuencias de comandos y decisiones, como el código de abajo, que hace que un robot se mueva cada vez que ve el color azul.

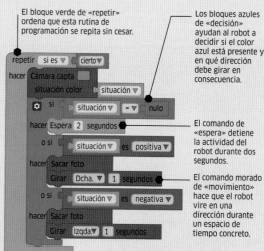

El bloque verde de «repetir» ordena que esta rutina de programación se repita sin cesar.

Los bloques azules de «decisión» ayudan al robot a decidir si el color azul está presente y en qué dirección debe girar en consecuencia.

El comando de «espera» detiene la actividad del robot durante dos segundos.

El comando morado de «movimiento» hace que el robot vire en una dirección durante un espacio de tiempo concreto.

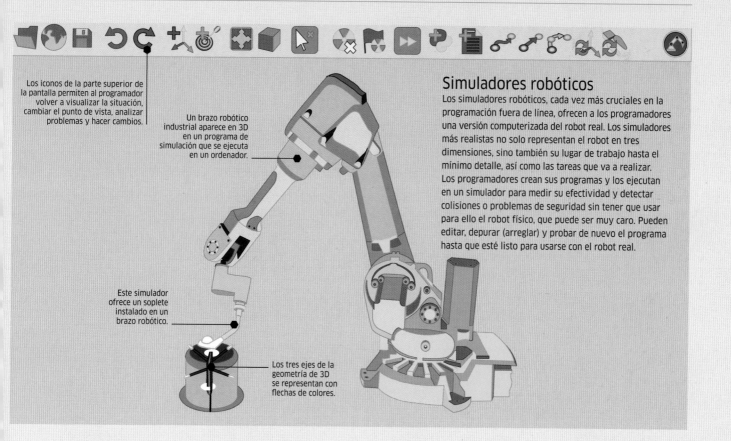

Los iconos de la parte superior de la pantalla permiten al programador volver a visualizar la situación, cambiar el punto de vista, analizar problemas y hacer cambios.

Un brazo robótico industrial aparece en 3D en un programa de simulación que se ejecuta en un ordenador.

Este simulador ofrece un soplete instalado en un brazo robótico.

Los tres ejes de la geometría de 3D se representan con flechas de colores.

Simuladores robóticos

Los simuladores robóticos, cada vez más cruciales en la programación fuera de línea, ofrecen a los programadores una versión computerizada del robot real. Los simuladores más realistas no solo representan el robot en tres dimensiones, sino también su lugar de trabajo hasta el mínimo detalle, así como las tareas que va a realizar. Los programadores crean sus programas y los ejecutan en un simulador para medir su efectividad y detectar colisiones o problemas de seguridad sin tener que usar para ello el robot físico, que puede ser muy caro. Pueden editar, depurar (arreglar) y probar de nuevo el programa hasta que esté listo para usarse con el robot real.

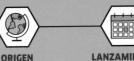

FABRICANTE
K-Team y la Universidad
de Harvard

ORIGEN
Suiza y EE.UU.

LANZAMIENTO
2011

ALTURA
34 mm

CARACTERÍSTICAS
Pueden trabajar en
grandes grupos de
forma autónoma

El gancho de recarga forma
un circuito con las patas
del robot, lo que permite
que se recargue la batería.

Estas clavijas pueden conectarse a
un cable para descargar nuevas
instrucciones o programas.

ROBOT **DE ENJAMBRE**

KILOBOTS

En el futuro, grandes grupos de robots podrían realizar docenas de tareas, como limpiar zonas
catastróficas o explorar planetas lejanos, pero a los investigadores no les resulta fácil obtener
un número suficiente de estos robots (a menudo muy caros) para experimentar con ellos.
Los Kilobots, en cambio, son pequeños, simples y baratos, y se pueden programar (individualmente
o en grandes cantidades a la vez) mediante controladores inalámbricos de infrarrojos. Entre ellos
también se comunican con infrarrojos para determinar sus distancias respectivas y se los puede
programar para configurar formas o para seguir una ruta o a un robot líder. Es impresionante
ver a cientos de estos robots moviéndose como un enjambre cuando trabajan juntos.

PLACA DE CONTROL

La placa en la parte inferior contiene el controlador microprocesador y su sistema de comunicación por infrarrojos. El transmisor de infrarrojos de cada Kilobot puede enviar una señal que rebota en el suelo y es recibida por otro robot a una distancia de hasta 7 cm.

Receptor de infrarrojos

Transmisor de infrarrojos

ROBOT DIMINUTO

Dos motores de vibración (originalmente de teléfonos móviles) impulsan el movimiento del Kilobot. Cuando vibran a la vez, el robot se desplaza hacia delante con sus rígidas patitas a una velocidad de hasta 1 cm/s. Esta solución de baja energía significa que basta una batería de 3,7 V para alimentar al robot durante 2,5 horas.

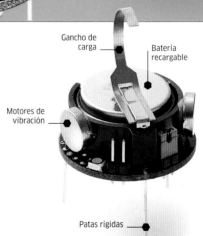

Gancho de carga

Batería recargable

Motores de vibración

Patas rígidas

ACCIÓN COLECTIVA

Un enjambre de Kilobots puede distribuirse de forma aleatoria, pero cuando se les da una orden se agrupan rápidamente dando pasitos con sus patas vibratorias. Algoritmos informáticos planifican rutas e impiden que ningún robot se desvíe del curso. Estas ingeniosas y diminutas máquinas no tardan en completar una tarea conjunta, como formar una flecha de 85 Kilobots.

ROBOTS COTIDIANOS

Los robots forman cada vez más parte de nuestras vidas diarias. Nos proporcionan información, nos ayudan a aprender y a divertirnos y empiezan a ser esenciales para las personas. En el futuro, puede que sea normal que un robot nos cocine la comida o incluso tener una conversación con uno de ellos.

FABRICANTE
SoftBank Robotics

ORIGEN
Francia

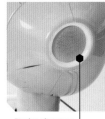

Por los altavoces
internos, se oyen
sonidos y música.

ESCUCHAR

Pepper tiene cuatro micrófonos
direccionales en la cabeza que
lo ayudan a detectar de dónde
viene el sonido. También lo
ayudan a identificar emociones
en nuestra voz y a crear
conversación a modo de
respuesta.

Pepper está equipado con cámaras HD
(en la boca y en la frente) y un sensor
de 3D (tras los ojos) que lo ayudan a
identificar movimiento, localizar
objetos y reconocer emociones en
los rostros de los humanos.

VISTA COMPLETA

Tres ruedas
especialmente
diseñadas permiten
a Pepper rotar
sobre sí mismo,
así como avanzar
y retroceder.

TABLETA

La tableta táctil instalada en el
pecho de Pepper puede usarse
para mostrar información que
desee ver su usuario, como
imágenes, vídeos, páginas web
o mapas. También puede usarse
para obtener información de
los humanos con los que
Pepper se comunica.

LANZAMIENTO
2015

ALTURA
1,2 m

PESO
28 kg

ALIMENTACIÓN
Batería

CARACTERÍSTICAS
Reconoce nuestras
emociones y responde
a ellas en tiempo real

ROBOT **SOCIAL**

PEPPER

Este comunicativo robot está diseñado para interactuar con los seres humanos y ayudarlos. Según sus fabricantes, Pepper es el primer robot humanoide capaz de leer las emociones de los seres humanos y responder a ellas en tiempo real. Está equipado con dos transmisores-receptores de ultrasonidos, seis sensores de láser y tres detectores de obstáculos. Desde su lanzamiento comercial en 2015, Pepper ha trabajado duro en toda clase de empleos en restaurantes, bancos, hoteles, hospitales y centros comerciales.

UN BUEN AGARRE

Las manos de Pepper son suaves y flexibles. Sus dedos se doblan fácilmente y están cubiertos de goma para mejorar su agarre. La goma hace que sea seguro para un niño tomar de la mano a Pepper.

❝Pepper [...] es un genuino compañero humanoide, creado para comunicarse contigo de manera natural e intuitiva.❞

SoftBank Robotics

Los sensores táctiles en los brazos y las manos se usan para practicar juegos y para la interacción social.

REACCIONES

Pepper posee el aspecto y los movimientos de un ser humano para que así la gente interactúe con él como si estuviera vivo. El rango de movimientos de sus brazos es natural y fluido gracias a un sistema de articulaciones en los hombros y los codos que le permite levantar los brazos, girar los hombros y torcer las muñecas. Pepper también tiene articulaciones en el cuello y en la cintura.

La cabeza puede moverse de arriba abajo para asentir.

Las articulaciones de los codos hacen que los antebrazos de Pepper tengan un amplio rango de movimiento.

Su lenguaje corporal da credibilidad a sus reacciones ante los humanos.

ASIENTE SI ESTÁ DE ACUERDO

CELEBRA

SE RÍE

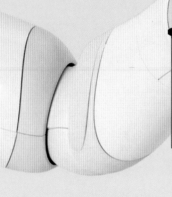

ROBOT
DE AYUDA EN EL HOGAR

GITA

Olvídate de mochilas, carritos y maletas: Gita lleva tu equipaje. Este robot nos quita un peso de encima, nos sigue a todas partes y se vale de giroscopios para mantener nuestras pertenencias derechas. Dentro se pueden guardar objetos pesados y artículos personales, lo cual nos deja las manos por fin libres. Una vez cerrado, este contenedor móvil de alta tecnología se guía por su usuario para registrar su entorno y recordar la ruta para el futuro. Lo mejor es que no se cansa nunca, ¡y es que Gita puede trabajar todo el día!

Dos grandes neumáticos permiten que Gita se mueva fácil y libremente.

VISTA LATERAL

CÓMO FUNCIONA UN GIROSCOPIO

Robots, barcos y aviones usan giroscopios para mantener su estabilidad. Estos dispositivos mecánicos de navegación mantienen el equilibrio de objetos móviles cuando cambian de rumbo. El rotor, un disco giratorio instalado dentro del marco del giroscopio, se mueve en cualquier dirección, pero un anillo llamado cardán mantiene el eje apuntando en la misma dirección, al margen del movimiento interno. Gita mantiene su contenido derecho, de modo que este no se mueve demasiado cuando se desplaza.

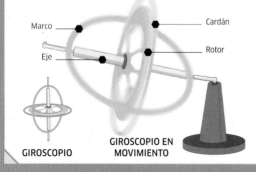

Marco

Eje

Cardán

Rotor

GIROSCOPIO

GIROSCOPIO EN MOVIMIENTO

Cada rueda va equipada con luces led que cambian de color: azul en inactividad, blanco al moverse, amarillo cuando la batería está baja y rojo si hay algún problema.

FABRICANTE
Piaggio
Fast Forward

ORIGEN
EE. UU.

ALTURA
66 cm

ALIMENTACIÓN
Ocho horas de
batería moviéndose
a velocidad normal

CARACTERÍSTICAS
Cámaras, sensores y
sistema de
navegación

SEGURIDAD ANTE TODO
Solo tu huella digital permite
cerrar a Gita. Para abrirla de
nuevo, se necesita una huella
dactilar y un código de seguridad.
Los potenciales ladrones deberán
andarse con cuidado, pues Gita
está siempre localizada y va
equipada con cámaras de 360°
y sensores.

Sensor de huellas
dactilares

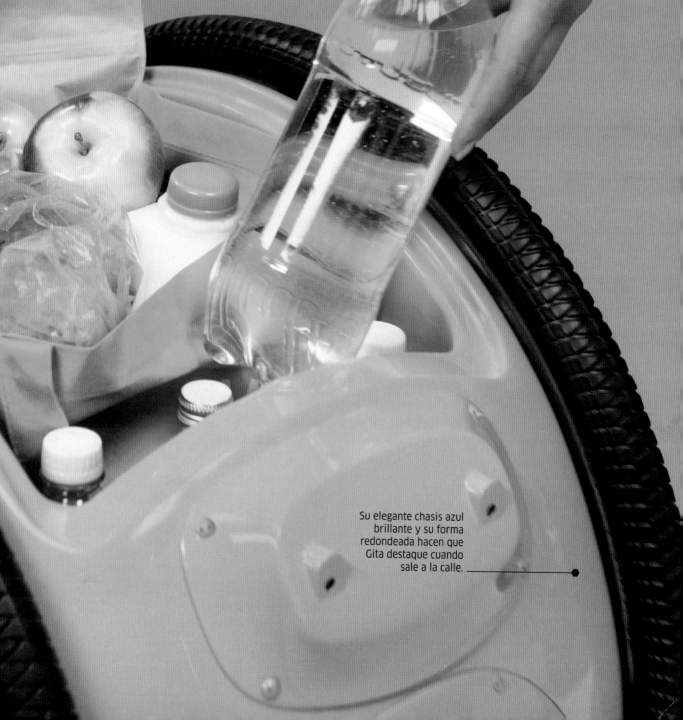

Su elegante chasis azul
brillante y su forma
redondeada hacen que
Gita destaque cuando
sale a la calle.

INTELIGENCIA SUPERIOR

Desde coches sin conductor que predicen el tráfico hasta asistentes robóticos equipados con reconocimiento de voz inteligente, se están diseñando robots que puedan aprender de sus experiencias como hacen los seres humanos. Algunos pueden aplicar el conocimiento adquirido para mejorar la forma en que desempeñan sus tareas o incluso en situaciones completamente nuevas. El objetivo es desarrollar robots que puedan asimilar nueva información, adaptarse a ella y usarla como las personas. Aunque ha habido progresos, ni siquiera los robots más inteligentes pueden competir con la total versatilidad de los humanos.

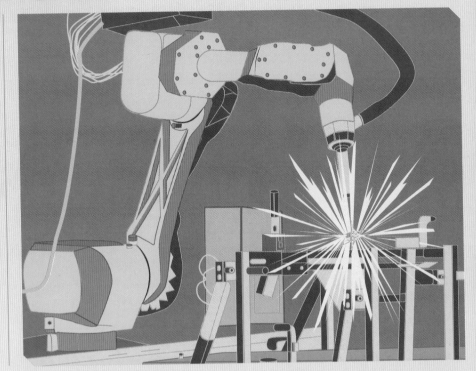

Soldar
Un brazo robótico con inteligencia artificial del futuro suelda distintas piezas metálicas. Al ser capaz de usar su memoria, mejora y refina su técnica por sí solo.

Inteligencia artificial fuerte

El objetivo último de quienes trabajan con robots inteligentes es construir máquinas que igualen (o incluso superen) el tipo de inteligencia creativa, flexible y de amplio espectro que poseen los seres humanos. Una máquina con inteligencia artificial fuerte sería capaz de planificar, razonar y resolver problemas de forma autónoma, como hacemos nosotros. También sería capaz de extraer información útil de sus experiencias pasadas y aplicarla a situaciones muy diferentes. Esos robots serían muy útiles, pues podrían enfrentarse a nuevas tareas sin reprogramarlos e interactuar con personas y con otras máquinas sin problemas.

Pintar
El mismo robot, sin necesidad de reprogramación, sería capaz de trabajar como artista. Al reconocer el pincel con su agarrador, empezaría a resolver problemas y a tomar decisiones para pintar una atractiva obra de arte.

Aprendizaje de máquinas

El aprendizaje de máquinas es la habilidad de un robot o un ordenador para aprender a partir de datos en lugar de necesitar programación hecha por humanos. Eso significa que la máquina percibe patrones en la información que recibe por medio de sus sensores y obtiene así conocimiento relevante. El aprendizaje de máquinas permite a los robots aprender a clasificar, agrupar e identificar objetos. En el ejemplo de más abajo, un robot usa datos para construir y comparar mapas de profundidad y así reconocer un objeto doméstico en concreto.

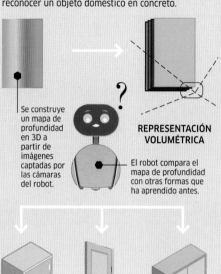

Se construye un mapa de profundidad en 3D a partir de imágenes captadas por las cámaras del robot.

REPRESENTACIÓN VOLUMÉTRICA

El robot compara el mapa de profundidad con otras formas que ha aprendido antes.

NEVERA   **PUERTA**   **ARMARIO**

Si no encuentra nada que corresponda, el robot se traslada a otro lugar para seguir obteniendo información.

Encuentra algo que cuadra y aprende que ambos mapas se aplican al mismo objeto.

NUEVO MAPA DE PROFUNDIDAD   **NEVERA**

Aprendizaje profundo

Aprender a aprender es el paso clave en el camino hacia la inteligencia artificial fuerte. El aprendizaje profundo conlleva dotar a los robots del tipo de habilidades que les permitirían aprender y dominar una nueva tarea por sí mismos, con poca o ninguna intervención humana. En algunos casos, significa que el robot está preparado para aprender por medio de ensayo y error, probando una multitud de enfoques diferentes y aprendiendo de todos sus intentos anteriores. En este ejemplo, un robot intenta aprender a agarrar objetos.

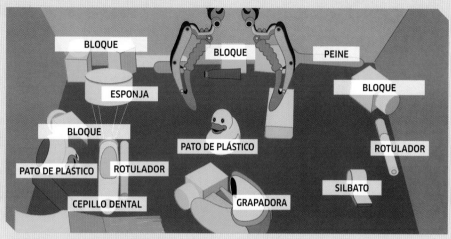

Reconocimiento de la situación

Un robot con aprendizaje profundo percibe una situación y usa su percepción de profundidad para aislar objetos individuales unos de otros antes de intentar reconocerlos.

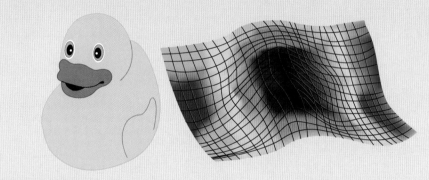

Mapas de profundidad

El robot realiza mapas de profundidad de los objetos y busca zonas de relieve que le permitan agarrarlos.

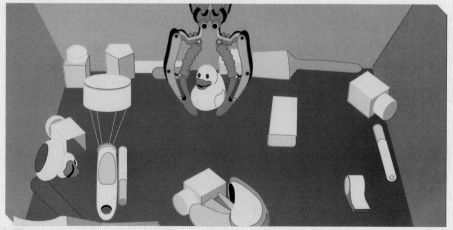

Intentando la tarea

El robot intenta agarrar un objeto. Si falla, puede ajustar su fuerza de agarre, intentarlo de nuevo desde un ángulo nuevo o agarrarlo por otra parte. Sus éxitos y fracasos se registran y se almacenan en la memoria para que pueda aprender gracias al ensayo y error. Finalmente, el robot aprenderá a interactuar con cada objeto.

FABRICANTE
RobotCub Consortium
y el Instituto Italiano
de Tecnología

ORIGEN
Italia

LANZAMIENTO
2004

ALTURA
104 cm

ROBOT **HUMANOIDE**

iCub

El iCub tiene el tamaño y la curiosidad de un niño de tres años y usa su cuerpo para explorar el mundo. Actualmente se realizan experimentos con una treintena de estos revolucionarios niños robóticos en laboratorios de todo el mundo. El objetivo último es crear un robot realmente cognitivo, es decir, que pueda aprender, comprender y adaptarse a todo tipo de tareas, como hacen los seres humanos. De momento, hay un iCub que puede tocar la batería y otro que ha conseguido dominar el complejo juego del ajedrez. ¡Jaque mate!

Hay más de **treinta robots iCub** en **funcionamiento** en todo el **mundo**.

VISTA COMPLETA

El pulgar articulado se dobla como un pulgar humano para agarrar objetos.

CÓMO FUNCIONA

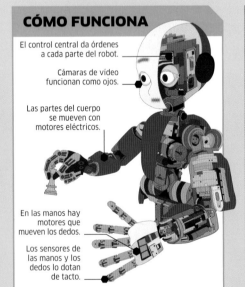

El control central da órdenes a cada parte del robot.

Cámaras de vídeo funcionan como ojos.

Las partes del cuerpo se mueven con motores eléctricos.

En las manos hay motores que mueven los dedos.

Los sensores de las manos y los dedos lo dotan de tacto.

El iCub usa la información que le envían sus sensores de visión, de audio y táctiles para reconocer y comprender objetos y encontrar la mejor forma de interactuar con ellos. Los sensores de cada articulación lo dotan de propiocepción, es decir, le permiten saber dónde se encuentra cada una de sus partes.

EXPRESIONES FACIALES

¿Hoy estás contento o de mal humor? El iCub permite a los demás conocer su estado de ánimo por medio de una gama de expresiones faciales. Estas se generan por medio de luces led bajo la superficie de su rostro, las cuales se encienden para mostrar las «emociones» del iCub según cómo esté desempeñando una tarea.

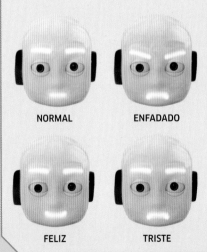

NORMAL

ENFADADO

FELIZ

TRISTE

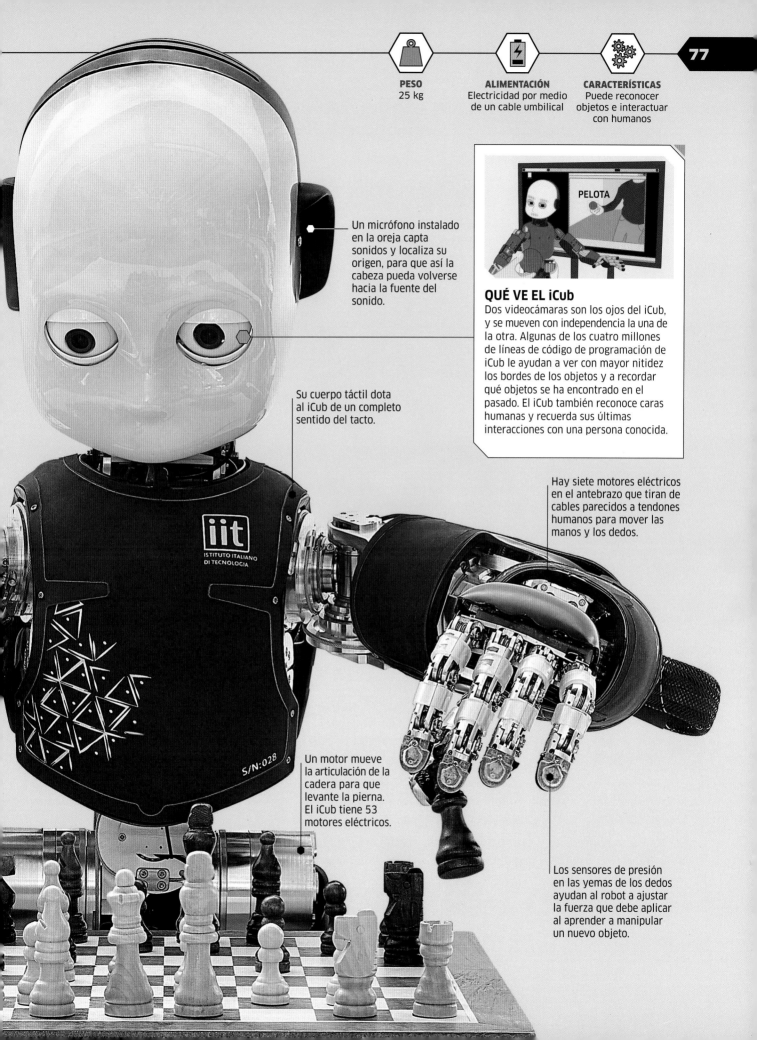

PESO
25 kg

ALIMENTACIÓN
Electricidad por medio de un cable umbilical

CARACTERÍSTICAS
Puede reconocer objetos e interactuar con humanos

Un micrófono instalado en la oreja capta sonidos y localiza su origen, para que así la cabeza pueda volverse hacia la fuente del sonido.

PELOTA

QUÉ VE EL iCub

Dos videocámaras son los ojos del iCub, y se mueven con independencia la una de la otra. Algunas de los cuatro millones de líneas de código de programación de iCub le ayudan a ver con mayor nitidez los bordes de los objetos y a recordar qué objetos se ha encontrado en el pasado. El iCub también reconoce caras humanas y recuerda sus últimas interacciones con una persona conocida.

Su cuerpo táctil dota al iCub de un completo sentido del tacto.

Hay siete motores eléctricos en el antebrazo que tiran de cables parecidos a tendones humanos para mover las manos y los dedos.

iit
ISTITUTO ITALIANO
DI TECNOLOGIA

S/N:028

Un motor mueve la articulación de la cadera para que levante la pierna. El iCub tiene 53 motores eléctricos.

Los sensores de presión en las yemas de los dedos ayudan al robot a ajustar la fuerza que debe aplicar al aprender a manipular un nuevo objeto.

SUPERSENSORES

Los cinco dedos articulados del iCub, inspirados en una mano humana, se mueven de forma muy realista. En las yemas de los dedos y en las palmas hay almohadillas dotadas de sensores que pueden registrar ínfimos cambios de fuerza y agarre, lo que le permite manipular todo tipo de cosas al tiempo que aprende sobre el mundo interactuando con los objetos que lo rodean.

FABRICANTE	ORIGEN	DESARROLLO	ALTURA	PESO
Hanson Robotics	Hong Kong	2015	85 cm para la cabeza y el torso	Aproximadamente 18 kg

ROBOT **HUMANOIDE**

SOPHIA

Sophia es quizá el robot humanoide más famoso: allá donde va crea una tormenta mediática, con entrevistas en la televisión y portadas en las publicaciones de moda. Pero este robot superestrella es más que un rostro y puede mantener una conversación con un ser humano respondiendo preguntas, contando chistes, expresando empatía y, en definitiva, conectando emocionalmente con las personas. En sus intervenciones, explica cómo la robótica y la inteligencia artificial pronto se convertirán en parte normal de la vida moderna. Sophia es también el primer robot que ha recibido la nacionalidad de un país.

Los rasgos faciales se modelaron según la actriz británica Audrey Hepburn.

Una cámara y un panel de control permiten a los operarios controlar a Sophia a distancia.

El rostro está hecho de un material especial llamado *frubber*, una especie de goma cuya textura se asemeja a la carne humana.

La parte posterior de la cabeza alberga los principales componentes electrónicos.

CÓMO FUNCIONA

La conversación y las expresiones de Sophia están determinadas por inteligencia artificial, algoritmos informáticos y cámaras. Primero, un algoritmo de reconocimiento de imagen detecta una cara reconocible. Esto activa otro algoritmo que ofrece enunciados preparados de los que se puede elegir. Sophia selecciona una frase y espera la primera respuesta de su interlocutor. Un algoritmo de transcripción convierte la respuesta en texto para que Sophia pueda analizarla y escoger la opción que mejor corresponda. Así continúa la conversación.

En este mapa facial se resaltan en azul las áreas adaptables para expresiones humanoides.

Los brazos y manos del robot son lo bastante hábiles como para realizar tareas básicas y sostener objetos delicados.

La parte posterior de la cabeza de Sophia es una bóveda transparente que permite ver mecanismos y cables. Ahí está el «cerebro» o procesador interno, que sirve para reconocimiento facial, datos visuales, procesamiento de lenguaje, sistemas de habla y controles de movimiento.

La expresión *valle inquietante* se usa para describir la inquietud que sienten algunas personas ante los robots que se parecen mucho a seres humanos. Algunos fabricantes los diseñan con un aspecto menos humano, pero otros intentan que sus robots sean tan similares a seres humanos que nadie se sienta cohibido al interactuar con ellos.

INTELIGENCIA ARTIFICIAL

En el mundo hay expertos trabajando sobre, al menos, diez versiones distintas de Sophia para desarrollar su inteligencia de forma que su conversación fluya con los giros y vueltas de un diálogo real en lugar de estar restringida a temas específicos.

MUNDO ROBÓTICO

No hace mucho, solo se creaban robots para realizar tareas repetitivas o peligrosas y para ahorrarnos tiempo y esfuerzo. Hoy, muchos robots se diseñan para entretenernos y para mejorar nuestras vidas diarias con una variedad de habilidades tecnológicas. Os presentamos a las revolucionarias máquinas preparadas para compartir nuestro mundo.

RECADERO ROBÓTICO

Llega ayuda a los hospitales gracias al **RoboCourier**, el servicio de reparto definitivo en un hospital para transportar muestras de laboratorio, equipo quirúrgico y medicación. Un sistema integrado de navegación por láser proporciona un recorrido seguro por los pasillos y un contenedor de seguridad garantiza que el contenido llega intacto a su destino. El personal hospitalario no da abasto, pero este robot se encarga del trabajo duro.

▲ Sus tres niveles de almacenaje permiten al RoboCourier realizar varias tareas en sus repartos.

UN ANDROIDE DIVERTIDO

Unos inventores japoneses han creado este cómico humanoide tras investigar qué es lo que a la gente le parece gracioso. **Kobian** tiene su propio repertorio cómico: una mezcla de historias exageradas, bromas repetitivas e imitaciones ridículas. Aunque algunos chistes no funcionen, seguro que este desternillante robot te sacará alguna risa. Algunos estudios han demostrado que el estado de ánimo de la gente mejora tras ver una actuación de Kobian.

◄ Las expresiones faciales del robot expresan diferentes «emociones», como alegría o asco.

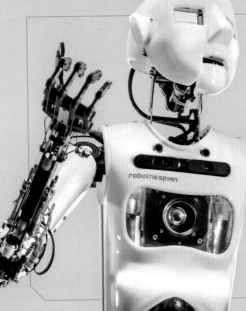

ACTOR PROGRAMADO

El mundo es un teatro para **RoboThespian**. A este robot humanoide completamente articulado le encanta actuar ante el público. Sus fluidos movimientos y su facilidad de palabra lo convierten en la perfecta estrella del escenario en espectáculos, teatros y exhibiciones. RoboThespian puede hacer de profesor, actor o vendedor con solo elegir una de las configuraciones programadas en una tableta, pero su mejor habilidad es contar chistes en treinta idiomas.

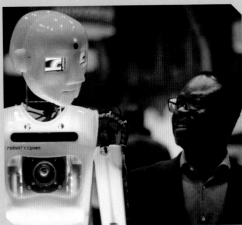

▲ Las pantallas de los ojos de RoboThespian mantienen contacto visual con las personas.

LOS ROBOTS DEL ROCK

Compressorhead, una banda de robots hechos de metal reciclado, son los pesos pesados del heavy metal. Lo forman un cantante, un guitarrista, un bajista y un batería, y pueden tocar tanto instrumentos eléctricos como acústicos. Compressorhead se fabricaron en Alemania y llevan dando conciertos desde 2013. No solo tocan clásicos del rock (sin sudar), sino que también han grabado su propio álbum, titulado *Party Machine*.

◄ La banda consiste en el batería Stickboy, el guitarrista solista Fingers, el bajista Bones, la guitarrista rítmica Helga Ta y el nuevo vocalista Mega-Wattson.

ESTRELLA DE LAS CUERDAS

Que suene la música con el **robot violinista** de Toyota. Este músico humanoide no falla ninguna nota cuando toca el violín ante su extasiado público. La destreza de sus manos y las articulaciones de sus brazos le permiten la misma libertad de movimiento de un violinista humano. A este solista de primera se le dan mejor las actuaciones en solitario, pero hay otros robots parecidos de Toyota que pueden tocar los tambores o la trompeta. Los movimientos realistas de estos robots también les permiten realizar tareas domésticas.

◄ El robot violinista ya no actúa y ahora solo se puede ver en una exposición.

RECEPCIÓN ROBÓTICA

No hay que alarmarse por la inusual recepción del Hotel Henn na, en Japón. El registro lo realizan **recepcionistas robóticos**, incluido uno con forma de dinosaurio de afiladas garras. Este extraño hotel tiene un personal casi por completo robótico, lo que recorta gastos y mejora la eficiencia. Un carrito automatizado lleva el equipaje a las habitaciones, un robot camarero se ocupa del servicio de habitaciones y en una pecera nadan peces robóticos.

◄ Los recepcionistas robóticos dan la bienvenida a los huéspedes que llegan al hotel.

▼ Un velocirraptor parlante, con ojos, brazos y mandíbulas móviles, saluda a los huéspedes.

FABRICANTE
ABB

ORIGEN
Suiza

LANZAMIENTO
2015

ALTURA
56 cm

ROBOT **COLABORATIVO**

YuMi

Este robot de dos brazos dirige orquestas, resuelve cubos de Rubik e incluso hace aviones de papel, pero donde se siente más a gusto es en la cadena de montaje. Sus dos rápidos y hábiles brazos se mueven con increíble precisión, por lo que puede repetir miles de veces una tarea con un margen de error de 0,02 mm. YuMi, que tiene más o menos el mismo tamaño que la mitad superior de un hombre adulto, está diseñado para trabajar conjuntamente con seres humanos (su nombre significa «tú y yo») ensamblando complejos y delicados smartphones y relojes o uniendo y testando complicadas piezas de vehículos.

La envoltura de plástico es blanda.

SINFONÍA ROBÓTICA

En 2017, YuMi se convirtió en el primer robot en ponerse al frente de una orquesta. Dirigió con éxito en Pisa, Italia, tres piezas de música clásica en una interpretación en directo con la Orquesta Filarmónica de Lucca. Antes del concierto, el renombrado director Andrea Colombini entrenó a YuMi mostrándole los precisos movimientos que más tarde el robot debía imitar ante la orquesta.

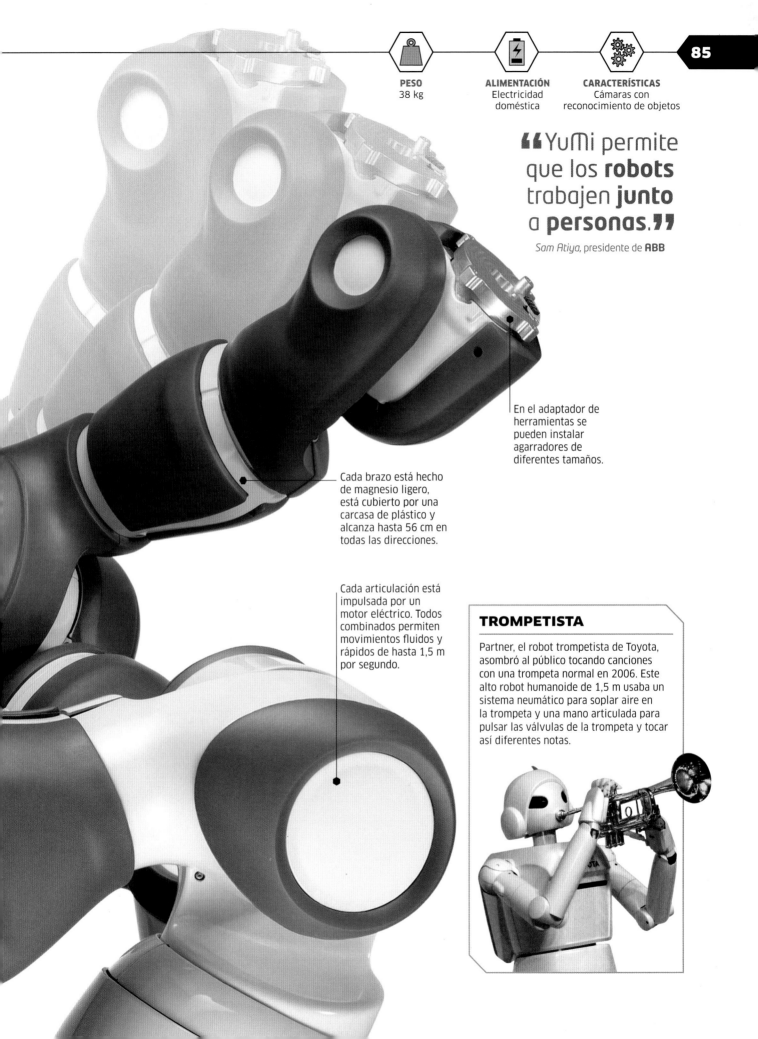

PESO
38 kg

ALIMENTACIÓN
Electricidad
doméstica

CARACTERÍSTICAS
Cámaras con
reconocimiento de objetos

"YuMi permite que los **robots** trabajen **junto** a **personas.**"

Sam Atiya, presidente de **ABB**

En el adaptador de herramientas se pueden instalar agarradores de diferentes tamaños.

Cada brazo está hecho de magnesio ligero, está cubierto por una carcasa de plástico y alcanza hasta 56 cm en todas las direcciones.

Cada articulación está impulsada por un motor eléctrico. Todos combinados permiten movimientos fluidos y rápidos de hasta 1,5 m por segundo.

TROMPETISTA

Partner, el robot trompetista de Toyota, asombró al público tocando canciones con una trompeta normal en 2006. Este alto robot humanoide de 1,5 m usaba un sistema neumático para soplar aire en la trompeta y una mano articulada para pulsar las válvulas de la trompeta y tocar así diferentes notas.

CÓMO FUNCIONA

Un chef humano usa la tecnología de la Robotic Kitchen para cocinar. Una vez el robot ha aprendido a preparar un plato, se añade a su base de datos y puede prepararlo de nuevo cada vez que el usuario lo desee.

1 El robot tiene una cámara de 3D y un guante equipado con sensores, con los que convierte los movimientos del chef humano en instrucciones digitales que puede comprender.

2 Las dos flexibles manos del robot pueden usar los mismos utensilios que un chef humano. Puede mezclar, remover, batir, agitar, verter y rociar los ingredientes.

ROBOT DE AYUDA EN EL HOGAR

ROBOTIC KITCHEN

Hay un nuevo chef en la cocina. La Robotic Kitchen, de Moley, el primer robot cocinero completamente automatizado, es capaz de copiar a un experto cocinero y repetir sus movimientos paso a paso con solo pulsar un botón. Sus brazos articulados funcionan con el mismo cuidado y atención que manos humanas, para así garantizar que cada plato queda delicioso. Relájate y deja que la Robotic Kitchen deleite tus papilas con una de sus numerosas y sabrosas recetas.

TRABAJO MANUAL

La Robotic Kitchen de Moley tiene brazos robóticos articulados y manos equipadas con sensores, lo que lo dota de destreza y movimientos como los de tus propias manos. Además, funciona a la misma velocidad que el chef real que elaboró la receta. Sus humanos movimientos le permiten usar una amplia gama de aparatos y utensilios de cocina.

FABRICANTE
Moley Robotics

ORIGEN
Reino Unido

DESARROLLO
2014

ALTURA
Cocina estándar
diseñada para espacios
preexistentes

CARACTERÍSTICAS
Sensores táctiles y
una cámara de 3D
que permiten replicar
acciones humanas
con precisión

Los brazos robóticos
tienen el mismo diseño
que los que se emplean
en las cadenas de
montaje de coches.

Usa cada utensilio y
aparato de la misma
forma que los usó el
chef humano.

COMIDA DEL FUTURO

La Robotic Kitchen, de Moley, podría
convertirse en algo común en hospitales
y residencias para personas mayores,
donde es vital ahorrar tiempo y donde la
dieta es importante. Máquinas como esta
podrían liderar la revolución robótica,
pues permiten a gente de todo el mundo
compartir o incluso vender recetas,
disfrutar de la cocina internacional y
probar los platos de los chefs famosos.

FABRICANTE	ORIGEN	LANZAMIENTO	ALTURA	PESO
Hanson Robotics	Hong Kong	2007	68,6 cm	2 kg

ROBOT SOCIAL

ZENO

La gran estrella de los robots humanoides interactivos es Zeno. Este cruce entre niño y personaje de dibujos animados es famoso por su rostro flexible y su gama de expresiones. Además, como es muy listo, es una verdadera hacha leyendo libros, aprendiendo idiomas y enseñando a los estudiantes. Pero no todo es trabajar: Zeno se relaja con estilo contando chistes, practicando juegos y demostrando sus movimientos de baile. Gracias a su software avanzado y a su inteligencia artificial, su talento no tiene fin.

La libertad de movimientos de sus brazos le permite una gran variedad de gestos.

PANTALLA TÁCTIL

En el pecho de Zeno hay una pantalla táctil con múltiples opciones, como programas educativos, investigación académica, biblioteca de juegos, conocimiento general y conversación bilateral. Los niños con necesidades especiales responden especialmente bien a su compasiva conversación y a sus sesiones de terapia.

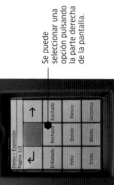

Se puede seleccionar una opción pulsando la parte derecha de la pantalla.

Las cámaras HD de sus ojos le ayudan a reconocer y recordar las distintas caras.

Zeno se comunica a través de los altavoces de su pecho.

CARACTERÍSTICAS
Inteligencia artificial,
cámaras HD,
sensores táctiles y
reconocimiento de
voz

ROBOT EXPRESIVO

La cara de Zeno está hecha de *frubber*, una goma especial que se usa para imitar la piel humana. Los motores de su rostro moldean el *frubber* para formar expresiones faciales reconocibles. Sus expresiones se utilizan para mejorar la información que Zeno intenta transmitir.

TRISTE

DOLIDO

PREOCUPADO

SORPRENDIDO

FELIZ

CANSADO

El robot reconoce ritmos y se mueve al compás de la música.

Zeno puede caminar hacia delante y hacia atrás, girar y bailar.

FABRICANTE
SoftBank Robotics

ORIGEN
Francia

DESARROLLO
2006

ALTURA
57,3 cm

PESO
5,4 kg

CÓMO FUNCIONA

NAO está equipado con más de cincuenta sensores, incluido un sónar para medir distancias. Su unidad de sensación puede detectar si el robot se ha caído, tras lo cual su control inicia una secuencia de movimientos de sus motores eléctricos y articulaciones para levantarse. NAO mueve un brazo hacia atrás para elevarse hasta una posición sentada y después dobla las piernas para impulsarse y ponerse derecho.

ROBOT **HUMANOIDE**

NAO

Baila, juega al fútbol robótico, entiende el habla humana y entretiene a las personas mayores en las residencias de la tercera edad... Parece que los talentos de este humilde humanoide no tienen fin. NAO es lo bastante versátil como para que pueda programarlo tanto un niño en edad escolar como un experimentado ingeniero en robótica. Es muy flexible y sus cuatro micrófonos pueden reconocer voces y traducir automáticamente las palabras a diecinueve idiomas. Sus sensores de equilibrio le ayudan a permanecer de pie al caminar pero, si se cae, NAO sabe cómo volver a ponerse de pie él solo.

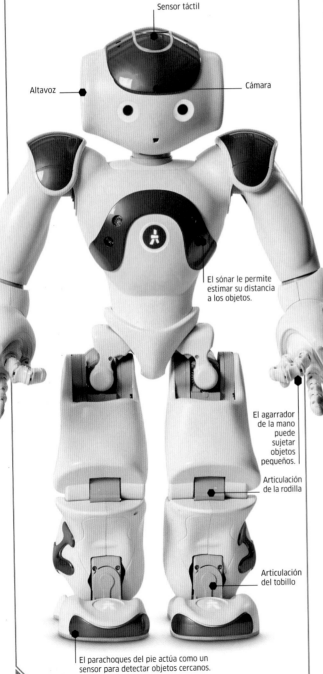

Sensor táctil

Altavoz

Cámara

El sónar le permite estimar su distancia a los objetos.

El agarrador de la mano puede sujetar objetos pequeños.

Articulación de la rodilla

Articulación del tobillo

El parachoques del pie actúa como un sensor para detectar objetos cercanos.

VISIÓN
NAO tiene dos cámaras, pero no están en sus ojos. Una se encuentra en su frente y la otra está en su «boca». Nao usa sus ojos, en cambio, para comunicarse con los seres humanos mediante cambios de color.

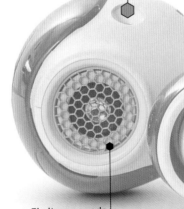

El altavoz puede retransmitir información de internet.

ALIMENTACIÓN
Batería

CARACTERÍSTICAS
Puede detectar rostros y
objetos y reconocer el habla

INCREÍBLE AVATAR

Los niños con lesiones o enfermedades
a veces tienen que perder muchos días
de clase. Una de las capacidades de
NAO es actuar como avatar del niño
ausente (una representación del
niño mientras él se encuentra en otro
lugar). El niño puede usar una tableta
para controlar a NAO a distancia,
haciendo que grabe vídeos y sonidos
de la clase para enviárselos al niño.

Con los tres botones de
la cabeza se puede
programar a NAO para
que se despierte o para
que realice una acción.

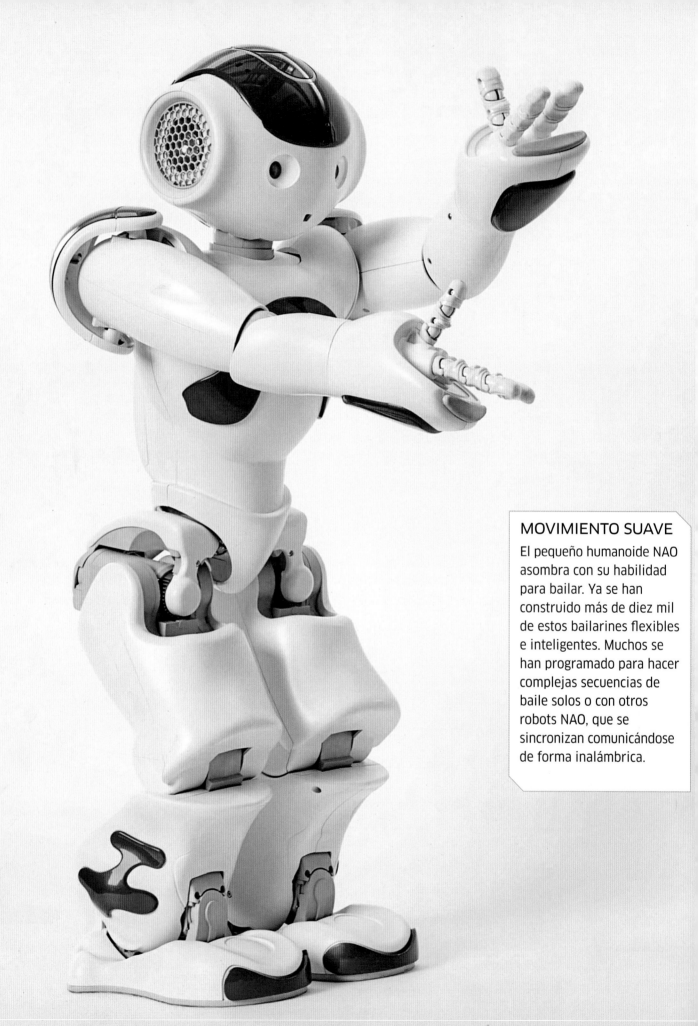

MOVIMIENTO SUAVE

El pequeño humanoide NAO asombra con su habilidad para bailar. Ya se han construido más de diez mil de estos bailarines flexibles e inteligentes. Muchos se han programado para hacer complejas secuencias de baile solos o con otros robots NAO, que se sincronizan comunicándose de forma inalámbrica.

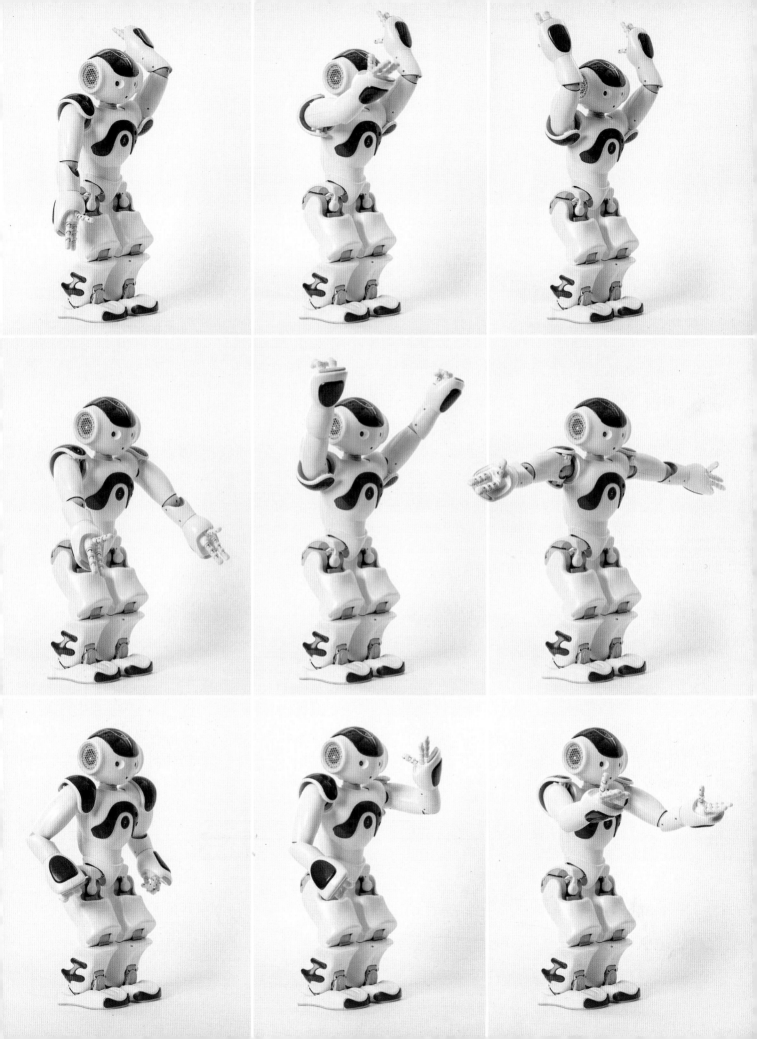

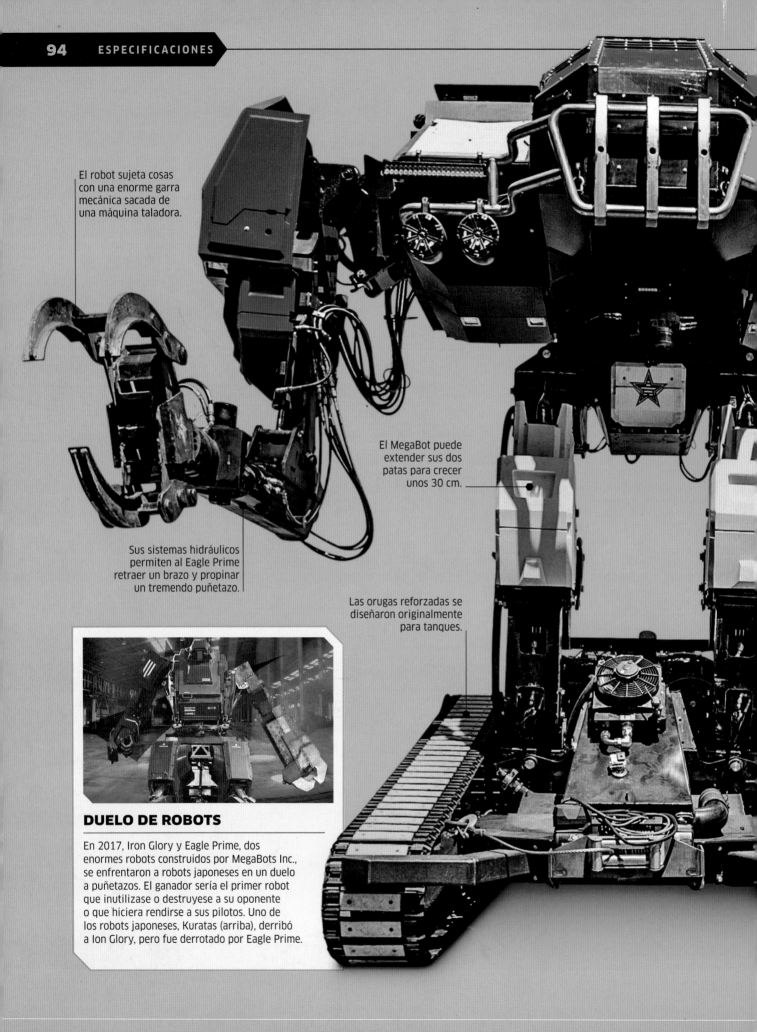

El robot sujeta cosas con una enorme garra mecánica sacada de una máquina taladora.

El MegaBot puede extender sus dos patas para crecer unos 30 cm.

Sus sistemas hidráulicos permiten al Eagle Prime retraer un brazo y propinar un tremendo puñetazo.

Las orugas reforzadas se diseñaron originalmente para tanques.

DUELO DE ROBOTS

En 2017, Iron Glory y Eagle Prime, dos enormes robots construidos por MegaBots Inc., se enfrentaron a robots japoneses en un duelo a puñetazos. El ganador sería el primer robot que inutilizase o destruyese a su oponente o que hiciera rendirse a sus pilotos. Uno de los robots japoneses, Kuratas (arriba), derribó a Ion Glory, pero fue derrotado por Eagle Prime.

FABRICANTE	ORIGEN	DESARROLLO	ALTURA	PESO	ALIMENTACIÓN
MegaBots Inc.	EE.UU.	2015	4,9 m	13 t	Motor de gasolina

Los mecanismos están cubiertos por una armadura de acero muy resistente.

CÓMO FUNCIONA

Las «tripas» del MegaBot Eagle Prime contienen más de 1,6 km de cable. En concreto, hay más de 650 cables, además de 300 dispositivos electrónicos, dentro de esta imponente máquina. El piloto manipula una compleja variedad de mandos y pedales, y más de 40 interruptores para controlar y mover el robot. Un poderoso motor de gasolina y una transmisión sacada de un barco mantienen al MegaBot en movimiento. Cuando está en funcionamiento, es lo bastante fuerte como para levantar un coche en el aire y aplastarlo.

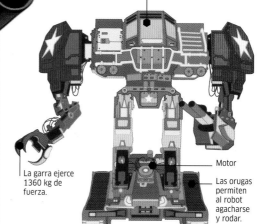

La cabina está hecha de vidrio a prueba de balas para proteger al piloto y al artillero.

La garra ejerce 1360 kg de fuerza.

Motor

Las orugas permiten al robot agacharse y rodar.

El cañón doble dispara poderosas bolas de pintura lo bastante pesadas como para romper vidrio.

ROBOT **DIRIGIDO**

MegaBots

Los ingenieros que han ideado los MegaBots han hecho realidad algo salido de la ciencia ficción: un robot de combate gigante que lucha contra otro monstruo mecánico en una épica batalla. Un piloto y un artillero dirigen el MegaBot desde el interior de una cabina de cristal protector. Manejan el robot y sus formidables armas por medio de complejos paneles de control. Sus cámaras HD les proporcionan una asombrosa vista de la batalla.

FABRICANTE
Intelligent
System Corporation

ORIGEN
Japón

LANZAMIENTO
2001

ALTURA
57 cm

PESO
2,7 kg

ROBOT **SOCIAL**
PARO

PARO es una foca robótica muy suave diseñada para su uso en hospitales y en residencias de la tercera edad como una forma de zooterapia. Se ha demostrado que las mascotas ayudan al funcionamiento emocional, social y cognitivo de los pacientes con ciertas enfermedades, pero a veces estos carecen de las habilidades para cuidar a un animal real. PARO imita la apariencia y el comportamiento de un cachorro de foca de Groenlandia... aunque en lugar de grasa, lleva baterías. Ya hay más de mil trescientos robots PARO trabajando en Japón, y se están introduciendo en Europa y Estados Unidos Esta simpática bola de pelo es simplemente irresistible y es uno de los robots terapéuticos más utilizados del mundo.

Su pelaje artificial antibacterias es suave pero fuerte y resiste la suciedad y el maltrato.

La cabeza se mueve en varias direcciones para seguir los sonidos.

Sus grandes y bonitos ojos parpadean regularmente y se cierran si lo acaricias.

RECARGADO
Cuando tiene hambre, ¡PARO es aún más encantador! Si se le está acabando la batería, PARO emite un sonido dos veces y después se apaga. Como el pescado no entra en su dieta, su cargador es un chupete para niños que se le pone en la boca mientras se recarga su batería.

Cargador

La voz de PARO imita el sonido de un cachorro de foca de Groenlandia.

No le gusta que le toquen sus sensibles bigotes, así que aparta la cabeza como por instinto.

ALIMENTACIÓN
Batería interna
recargable

CARACTERÍSTICAS
Micrófonos,
motores y sensores

UNA FOCA INIMITABLE

El trabajo de PARO es cuidar de pacientes, especialmente personas de la tercera edad con pérdida de memoria. Se ha demostrado que su entusiasta reacción a las caricias reduce el estrés de los pacientes y crea una atmósfera de calma. También está programado para recordar sus respuestas anteriores y adaptar su personalidad para agradar al paciente repitiendo patrones positivos de comportamiento.

❝De la misma manera que se usan animales en zooterapia, PARO puede ayudar a aliviar la depresión y la ansiedad, pero no necesita que lo alimenten... ❞

Takanori Shibata, diseñador de **PARO**

Ocultos entre el pelaje, hay doce sensores que reaccionan al tacto.

Muestra sus sentimientos mediante expresiones faciales, movimientos y sonidos.

UN RECADERO DE FIAR

Otro robot de ayuda en el hogar es HOBBIT. Este robot de asistencia de movilidad hace más fácil la vida de las personas de la tercera edad o con discapacidades, realizando tareas difíciles para ellos. Sus fabricantes querían fomentar una relación de cuidado mutuo entre robot y humano parecida al nexo entre una mascota y su dueño. HOBBIT puede apartar obstáculos del suelo, practicar juegos con sus dueños y hacer sonar una alarma en situaciones de emergencia.

PARO puede levantar sus aletas como una foca de verdad gracias a sus motores internos.

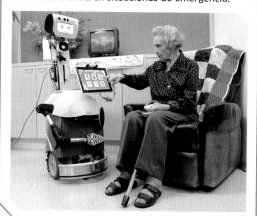

FABRICANTE
Festo

ORIGEN
Alemania

DESARROLLO
2013

LONGITUD
44 cm

ROBOT **BIOMIMÉTICO**

BionicOpter

Las libélulas se encuentran entre los insectos más rápidos y ágiles. Este dron-libélula llamado BionicOpter, que mide 44 cm y posee una impresionante envergadura de 63 cm, es mucho más grande que las libélulas reales y casi tan rápido como ellas. Durante el vuelo, este robot ajusta continuamente la acción de sus veloces alas y la posición de su cabeza y de su cola. Gracias a ello, puede ascender, descender, virar a derecha o izquierda y quedarse inmóvil en el aire. También puede volar hacia atrás, como una libélula de verdad.

Las alas son estructuras de carbono recubiertas de ligero poliéster.

VISTA DESDE ARRIBA

La cola se mueve arriba y abajo para guiar el robot.

BAJO CONTROL

Los motores, que mueven engranajes ultraligeros, reciben órdenes del microcontrolador del robot, el cual coordina las diferentes acciones necesarias para volar. Esto permite que el usuario solo tenga que decidir la dirección del vuelo o su destino por medio de una aplicación.

La cabeza y los ojos están diseñados para parecerse a los de una libélula gigante, pero el BionicOpter no tiene cámaras y no «ve».

PESO
175 g

ALIMENTACIÓN
Batería

CARACTERÍSTICAS
Coordina acciones
complejas para producir
un movimiento fluido

99

CAMBIA DE FORMA

Una aleación especial, llamada nitinol, se usa a modo de músculo para la cola del BionicOpter. Cuando una corriente eléctrica lo atraviesa, el nitinol se calienta y se encoge, haciendo que la cola suba o baje.

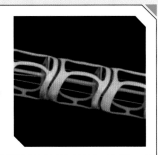

Las cuatro alas pueden batir entre quince y veinte veces por segundo.

El recubrimiento del cuerpo está hecho de materiales extremadamente ligeros y flexibles.

CÓMO FUNCIONA

El microcontrolador del robot constantemente monitoriza y ajusta las alas. El motor principal puede variar la velocidad del aleteo. Dos motores diminutos en cada una de las alas alteran la profundidad de su movimiento.

Las alas también pueden inclinarse hasta 90° desde una posición horizontal para así alterar la dirección del impulso. La cabeza y la cola, ambas móviles, añaden más formas de dirigir al robot.

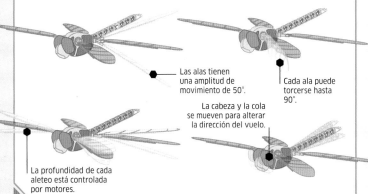

Las alas tienen una amplitud de movimiento de 50°.

Cada ala puede torcerse hasta 90°.

La cabeza y la cola se mueven para alterar la dirección del vuelo.

La profundidad de cada aleteo está controlada por motores.

El tórax del BionicOpter está equipado con dos baterías, un microcontrolador y nueve motores diferentes.

FABRICANTE
Faraday Future

ORIGEN
EE. UU.

DESARROLLO
2016

ROBOT **DIRIGIDO**

FFZERO1

Este impresionante y elegante coche de carreras está equipado con la última tecnología, desde control mediante smartphone de ciertos aspectos de su rendimiento (como nivel de agarre y altura de la carrocería) hasta uso de baterías en lugar de gasolina. El FFZERO1 es un coche conceptual que sirve de escaparate para nuevos avances y tecnologías, algunas tomadas de la robótica y de la electrónica. Lo más fascinante es su potencial (gracias a sensores y controladores) de convertirse en un coche autónomo, capaz, por ejemplo, de tomar el control en un circuito de carreras y guiar al conductor para mostrarle la línea de carrera más rápida.

CÓMO FUNCIONA

Los coches sin conductor usan diferentes sensores y mapas digitales de alta resolución para orientarse y conducir de forma segura. Sus sensores registran su entorno inmediato para hacer un seguimiento en tiempo real de los demás vehículos y peatones y de sus trayectorias y velocidades. Sus cámaras captan una vista de 360° en torno al vehículo, que analiza mediante software de reconocimiento de objetos para detectar otros vehículos, luces de tráfico, señales de stop y otras señales viarias. El controlador del coche continuamente da órdenes a los motores para que cambien de velocidad, alteren su dirección o se detengan, dependiendo de la información que reciba.

La aleta trasera transparente mejora la aerodinámica.

ALTO RENDIMIENTO

Las baterías de alto rendimiento del FFZERO1 están conectadas entre sí en el suelo del vehículo y lo dotan de entre ocho y diez veces la potencia de un pequeño utilitario. Esto también le permite una asombrosa aceleración: puede pasar de 0 a 96 km/h en menos de tres segundos.

Autobús

Las cámaras y sensores de un coche sin conductor detectan un autobús en un cruce. El coche aminora para obedecer el stop.

CABINA INTELIGENTE
El conductor se sienta en el centro del coche, protegido por una banda llamada halo. En el volante se puede instalar un smartphone para controlar algunos aspectos del rendimiento del vehículo, y para visualizar la pista y otros datos en su pantalla.

Dentro del volante se puede encajar un smartphone.

El techo de vidrio tiene goznes en la parte de atrás para que el conductor pueda entrar y salir.

La escultural carrocería está hecha de fibra de carbono, un material fuerte pero ligero.

La rueda de aleación ultraligera gira gracias a su propio motor.

Varias entradas de aire canalizan el aire a lo largo del coche, lo que reduce su resistencia aerodinámica y enfría sus motores eléctricos. Además, aumentan la carga aerodinámica, lo que mejora el agarre.

ROBOTS EXTREMOS

Las soluciones para muchos de los problemas de la robótica se encuentran en la naturaleza. Cada vez con mayor frecuencia, los ingenieros estudian a los animales para buscar nuevos medios de completar tareas. Como resultado, hay robots que están entrando en nuevas áreas, desde anguilas robóticas subacuáticas hasta robots que trabajan juntos como las abejas.

FABRICANTE
Universidad de
Stanford

ORIGEN
EE. UU.

LANZAMIENTO
2016

ALTURA
1,5 m

ALIMENTACIÓN
Batería de ion
de litio, correa
electrodinámica

ROBOT **DE TRABAJO**

OceanOne

Los robots sumergibles existen desde hace años, pero OceanOne está causando un verdadero tsunami. Este robot fue desarrollado para usar la experiencia de un buzo humano y, al mismo tiempo, para evitar los peligros del trabajo submarino. OceanOne posee visión estereoscópica, por lo que su piloto puede ver en alta definición exactamente lo que ve el robot. Sus brazos y manos se controlan mediante palancas de mando y pueden manipular objetos delicados sin dañarlos, lo que le permite realizar tareas altamente especializadas en condiciones peligrosas. También puede bucear junto a humanos y comunicarse con ellos mientras exploran juntos.

Las manos pueden mantenerse estacionarias aunque el cuerpo se mueva.

Los cables lo abastecen de electricidad y sirven para que OceanOne y sus controladores se comuniquen.

CÓMO FUNCIONA

OceanOne tiene la forma de un buzo humano, lo que lo convierte en un avatar de su operario. La parte superior contiene las cámaras, dos brazos articulados y un par de manos equipadas con sensores de fuerza. Las baterías, los ordenadores de a bordo y los propulsores se encuentran en la parte inferior.

Ocho propulsores multidireccionales impulsan al robot por el agua.

Batería

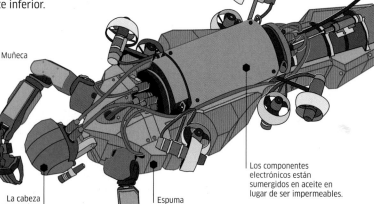

Muñeca

La cabeza contiene cámaras estereoscópicas.

Antebrazo

Espuma rígida

Codo

Los componentes electrónicos están sumergidos en aceite en lugar de ser impermeables.

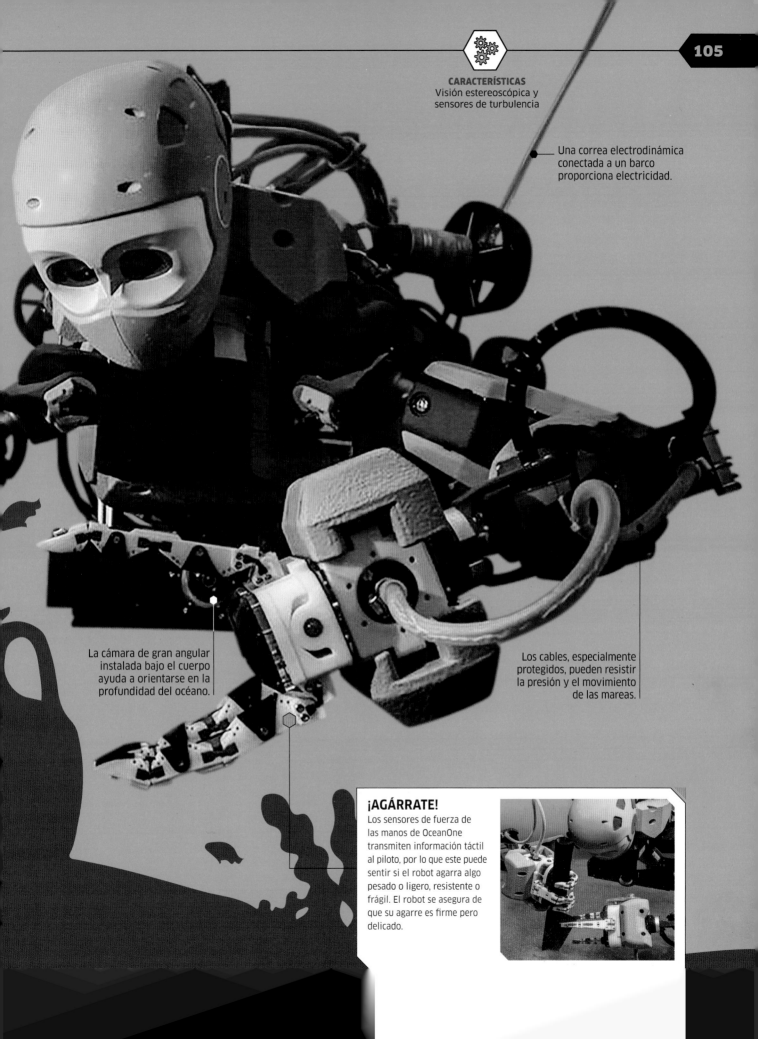

CARACTERÍSTICAS
Visión estereoscópica y
sensores de turbulencia

Una correa electrodinámica
conectada a un barco
proporciona electricidad.

La cámara de gran angular
instalada bajo el cuerpo
ayuda a orientarse en la
profundidad del océano.

Los cables, especialmente
protegidos, pueden resistir
la presión y el movimiento
de las mareas.

¡AGÁRRATE!

Los sensores de fuerza de
las manos de OceanOne
transmiten información táctil
al piloto, por lo que este puede
sentir si el robot agarra algo
pesado o ligero, resistente o
frágil. El robot se asegura de
que su agarre es firme pero
delicado.

SENSORES Y DATOS

Los robots necesitan sensores para obtener información sobre el mundo que los rodea. También necesitan datos sobre sí mismos y sobre la posición y el funcionamiento de sus diversas partes. Existen sensores de muchas clases. Algunos, como las cámaras o los micrófonos, imitan los sentidos humanos. Otros confieren a los robots capacidades que los humanos no poseemos, como identificar ínfimos restos de una sustancia química o detectar con precisión distancias en la oscuridad total.

Aceleración e inclinación

Los acelerómetros son sensores que miden la aceleración, es decir, el cambio de velocidad de un objeto. También se usan en robótica para ayudar a los robots a medir inclinaciones y ángulos para mantener el equilibrio. Hay diferentes tipos de

Acelerómetro piezoeléctrico

Este tipo de sensor consta de un peso (llamado masa) sobre un muelle y de un pequeño cristal piezoeléctrico conectado a un circuito eléctrico.

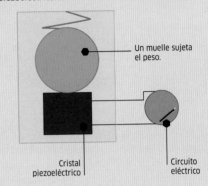

Un muelle sujeta el peso.

Cristal piezoeléctrico

Circuito eléctrico

Detectar el peligro

Los sensores pueden marcar la diferencia entre el éxito y el fracaso de algunos robots que se envían a regiones remotas, lejos de sus operadores humanos. Algunos sensores alertan al robot sobre problemas o peligros inminentes. Los sensores de radiación, por ejemplo, advierten a un robot de la cercanía de una fuente radiactiva que podría dañar o incluso destruir sus circuitos.

Detectar metal

Un sensor inductivo de proximidad detecta metal en las cercanías antes de que el robot entre en contacto con él. Esto puede ser crucial en un área en la que haya minas terrestres.

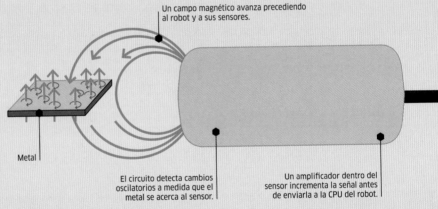

Un campo magnético avanza precediendo al robot y a sus sensores.

Metal

El circuito detecta cambios oscilatorios a medida que el metal se acerca al sensor.

Un amplificador dentro del sensor incrementa la señal antes de enviarla a la CPU del robot.

Diferentes formas de ver

Los ojos humanos perciben una gama de luz en particular, pero los sensores robóticos pueden ver más allá. Por ejemplo, los sensores termográficos pueden ver mediante el calor. Otros sensores usan láser, radar o sónar para construir una imagen en 3D del entorno del robot.

Un sensor rotatorio de LiDAR emite o recibe frecuencias de luz para medir distancias.

Combinar sensores

Los coches sin conductor utilizan cámaras para detectar las señales de tráfico y LiDAR para crear una imagen de 360° del entorno. Mediante radares y otros sensores detecta vehículos y otros objetos en movimiento.

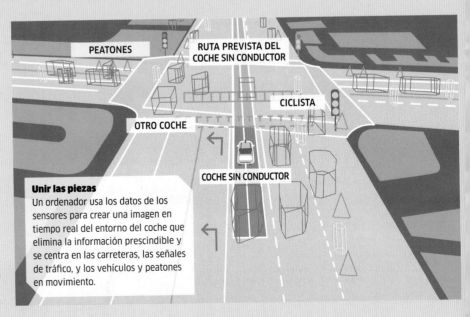

PEATONES

RUTA PREVISTA DEL COCHE SIN CONDUCTOR

CICLISTA

OTRO COCHE

COCHE SIN CONDUCTOR

Unir las piezas

Un ordenador usa los datos de los sensores para crear una imagen en tiempo real del entorno del coche que elimina la información prescindible y se centra en las carreteras, las señales de tráfico, y los vehículos y peatones en movimiento.

acelerómetros. Muchos usan piezoelectricidad, que es la propiedad de algunos materiales para emitir voltaje eléctrico cuando se les aplica presión.

Aceleración

La fuerza de la aceleración empuja el peso sobre el cristal, el cual, al comprimirse, produce voltaje eléctrico que se mide para hallar la aceleración.

ACELERACIÓN

El muelle se estira a medida que el peso desciende.

El cristal, al ser comprimido por el peso, emite una carga eléctrica.

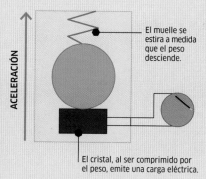

PRESIÓN DEL AIRE

HUMEDAD

VELOCIDAD DEL VIENTO

TEMPERATURA

POLUCIÓN

Sensores ambientales

Anemómetros, termómetros, sensores de polución y otros sensores ambientales permiten a los robots medir su entorno. Estos datos pueden tener interés científico o, en caso de calor severo, por ejemplo, pueden servir para proteger al propio robot.

Percepción subacuática

Los peces y algunos anfibios tienen un fascinante sentido extra: la habilidad de detectar cambios en la presión del agua y en la corriente causados por otras criaturas móviles o por objetos estáticos. Este sentido proviene de su llamada línea lateral y les permite detectar presas o depredadores. Algunos robots poseen este sentido gracias a diminutos componentes eléctricos llamados termistores. Un termistor consiste en un cable microscópico que cambia de temperatura cuando el flujo del agua varía. La línea lateral permite a los robots comprender entornos con poca visibilidad.

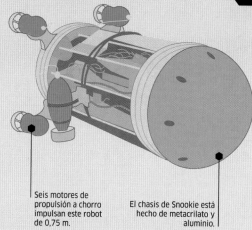

Seis motores de propulsión a chorro impulsan este robot de 0,75 m.

El chasis de Snookie está hecho de metacrilato y aluminio.

Snookie

Este robot subacuático fue diseñado por investigadores alemanes. En el morro lleva una línea lateral artificial de sensores que lo ayuda a detectar obstáculos.

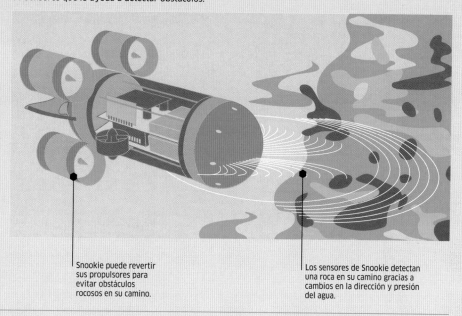

Snookie puede revertir sus propulsores para evitar obstáculos rocosos en su camino.

Los sensores de Snookie detectan una roca en su camino gracias a cambios en la dirección y presión del agua.

Coches sin conductor del futuro

En el futuro, los sensores de los coches sin conductor permitirán una «visión» más detallada mediante cámaras de 4D. Estas tomarán imágenes de gran angular equipadas con otra información como la dirección y la distancia de toda la luz que llega a la lente de la cámara desde los objetos.

CÁMARA DE 4D

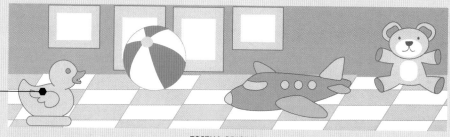

Una imagen de 4D cubre un ángulo de 138°, más de un tercio de un círculo.

ESCENA ORIGINAL

La imagen se procesa para incluir datos sobre las distancias de los objetos a la cámara (las áreas azules están más cerca que las blancas).

IMAGEN PROCESADA

ESPECIFICACIONES

FABRICANTE
Festo

ORIGEN
Alemania

DESARROLLO
2015

ALTURA
4,3 cm

PESO
105 g

ROBOT **DE ENJAMBRE**

BionicANT

Este bicho de seis patas es del tamaño de tu mano y está completamente equipado con tecnología. La BionicANT (hormiga biónica, en inglés) usa cámaras estereoscópicas como las que emplean los MAV (microvehículos aéreos) y un sensor óptico que proviene de un ratón informático. El resto de su tecnología es muy innovadora, desde su sistema de movimiento de baja energía hasta la forma en que cada hormiga trabaja con las demás para solucionar problemas, compartiendo datos a través de una red inalámbrica. La tecnología de las BionicANT puede ayudar a crear fábricas más productivas y robots más resistentes y capaces de explorar terrenos abruptos.

Las patas están hechas de cerámica y plástico y se imprimen en 3D.

Algunos de sus circuitos eléctricos están en su exterior.

CÓMO FUNCIONAN

El movimiento de las patas y de las pinzas del robot se genera mediante unos dispositivos diminutos y ahorrativos llamados transductores piezoeléctricos, los cuales se doblan al recibir una corriente eléctrica. Cada pata tiene tres transductores y puede levantarse, avanzar o retroceder dando pasos de 1 cm. El procesador del robot actúa como su controlador, sincronizando todas las señales y la electricidad de los transductores para coordinar el movimiento de las patas.

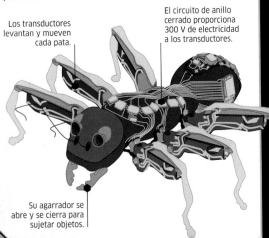

Los transductores levantan y mueven cada pata.

El circuito de anillo cerrado proporciona 300 V de electricidad a los transductores.

Su agarrador se abre y se cierra para sujetar objetos.

> **❝ Ya tenemos dispositivos autónomos,** pero estos son cada vez más **inteligentes y funcionales. ❞**
>
> *Elias Knubben, jefe de Proyectos Biónicos,* **Festo**

ALIMENTACIÓN
Batería

CARACTERÍSTICAS
Trabaja con otros robots sin
supervisión humana

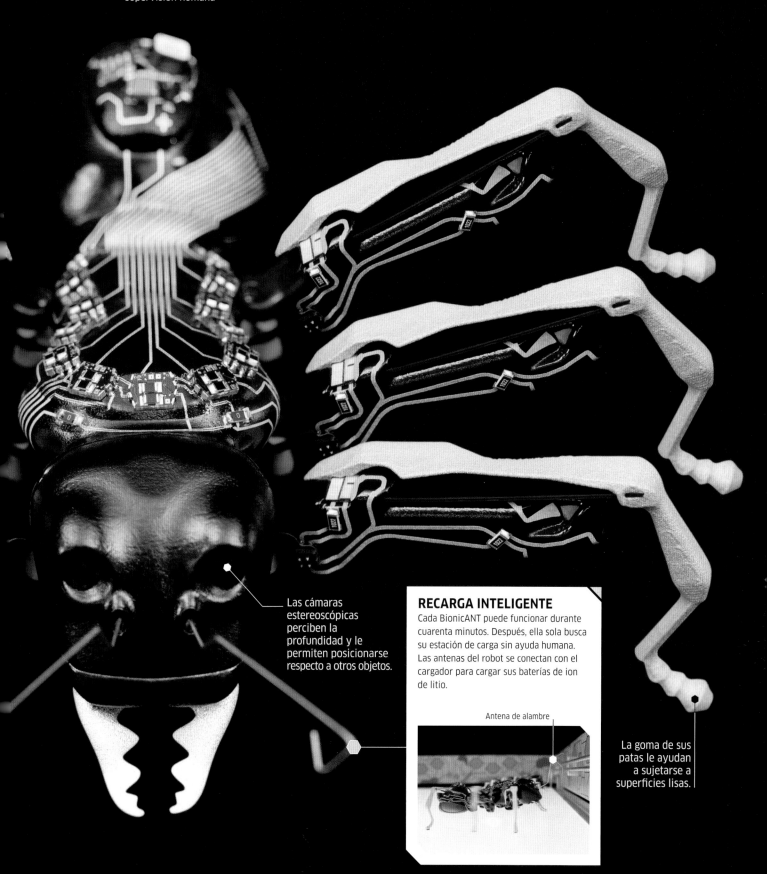

Las cámaras
estereoscópicas
perciben la
profundidad y le
permiten posicionarse
respecto a otros objetos.

RECARGA INTELIGENTE

Cada BionicANT puede funcionar durante
cuarenta minutos. Después, ella sola busca
su estación de carga sin ayuda humana.
Las antenas del robot se conectan con el
cargador para cargar sus baterías de ion
de litio.

Antena de alambre

La goma de sus
patas le ayudan
a sujetarse a
superficies lisas.

OBRERAS COLABORATIVAS

Esto no es una pelea entre tres. En realidad, es un grupo de extraordinarias BionicANTs trabajando juntas para mover entre las tres una pesada carga. Estos robots impresos en 3D, inspirados en las hormigas, comparten información constantemente por medio de señales de radio enviadas y recibidas a través de componentes electrónicos de sus abdómenes. En el futuro, robots colaborativos como estos podrían jugar un rol decisivo en operaciones de búsqueda y rescate, y en labores de exploración.

FABRICANTE
Universidad de Harvard

ORIGEN
EE. UU.

DESARROLLO
2016

TAMAÑO
6,5 cm

ALIMENTACIÓN
Peróxido de
hidrógeno

FABRICACIÓN

El Octobot se fabrica combinando
impresión 3D, vaciado y litografía
blanda (una técnica de impresión) en
un proceso simple, rápido y repetible.
El «cerebro» del robot es un circuito
basado en un fluido y colocado en un
molde con forma de pulpo, tras lo cual
se vierte encima una mezcla de silicona.
Después, una impresora 3D inyecta tinta
de platino en la silicona. El molde completo
se calienta durante cuatro días hasta
que el cuerpo del robot está listo.

La tinta de platino que
se inyecta en el Octobot
brilla en la oscuridad.

Un pequeño compartimento
contiene el peróxido de
hidrógeno líquido.

ROBOT **BIOMIMÉTICO**

OCTOBOT

De la misma forma que un pulpo no tiene esqueleto, los pequeños tentáculos
del Octobot no contienen tecnología dura. El Octobot es el primer robot
autónomo del mundo completamente blando. Olvídate de baterías,
microchips y controladores computerizados. Este robot se imprime en 3D
con silicona blanda y extrae energía de una reacción química. El equipo
de la Universidad de Harvard que lo desarrolló necesitó hasta trescientos
intentos para crearlo con éxito usando un circuito lleno de fluido dentro
de un cuerpo de silicona. En el futuro, robots blandos como este podrán
usarse para rescates marítimos y para vigilancia militar, ya que pueden
introducirse en espacios muy estrechos y adoptar la forma de su entorno.

CÓMO FUNCIONA

El Octobot obtiene energía a través de una reacción química. Una pequeña cantidad de peróxido de hidrógeno líquido inyectado dentro del Octobot pasa por los tubos hasta entrar en contacto con el platino y se transforma en gas. Esto hace que los tentáculos se hinchen, lo que le permite moverse por el agua. Los creadores del Octobot planean instalarle sensores para que pueda orientarse por sí mismo.

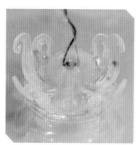  

1 Finos tubos inyectan peróxido de hidrógeno coloreado en el Octobot.

2 Los componentes del cuerpo reaccionan y los tentáculos se mueven.

3 El Octobot funciona durante ocho minutos con 1 ml de combustible.

Los colores representan las rutas que sigue el combustible de peróxido de hidrógeno.

El cuerpo de silicona cabe con facilidad en la palma de tu mano.

ACTUADOR COMESTIBLE

La robótica blanda también conlleva fabricar partes comestibles de ciertos robots. Unos científicos en Suiza han desarrollado un actuador robótico (una pieza que hace que otra se mueva) que será comestible. Si los actuadores pudieran tragarse, podrían colocarse en diminutos robots que explorarían nuestros cuerpos para examinar con atención nuestro interior y asistir en operaciones quirúrgicas.

Partes tragables

FUERTE Y ESTABLE

El **Atlas**, un pionero entre los robots humanoides, puede realizar sofisticados movimientos con los brazos, el cuerpo y las piernas. Puede levantar y sujetar objetos con las manos y mantenerse en pie en terrenos accidentados. Su hardware alimentado por batería está en parte impreso en 3D para así crear un robot compacto y ligero con visión y sensores estereoscópicos.

MICRORROBOTS

Estos microrrobots están hechos de imanes y placas de circuitos en miniatura. Miles de ellos trabajando juntos, como una línea de montaje de una fábrica, pueden manufacturar productos a gran escala. Los microrrobots como el **MicroFactory** podrían revolucionar el futuro de la medicina, pues son capaces de entrar en el cuerpo de personas y animales para explorarlo y así mejorar nuestra salud.

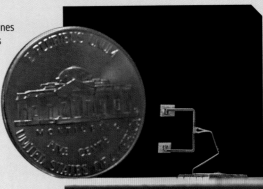

▶ Un grupo de microrrobots puede realizar una gran variedad de tareas, como transportar componentes, depositar líquidos y construir estructuras fijas.

ROBOTS EXTREMOS

Ni siquiera el terreno más peligroso supone un problema para estos energéticos pioneros tecnológicos que están ampliando los límites de la exploración. Estos robots dirigidos por control remoto ayudan a los humanos a realizar sus objetivos y nada los detiene, tanto si se trata de combatir gérmenes dentro del cuerpo humano como de aventurarse en territorios desconocidos, sumergirse en los océanos o volar por el espacio.

EXPLORANDO TITÁN

La NASA proyecta construir un vehículo espacial llamado **Dragonfly** que será capaz de despegar y aterrizar varias veces en Titán, la luna más grande de Saturno. Se espera que el Dragonfly, equipado con múltiples rotores, despegue en 2024 para explorar la densa atmósfera y los lagos de metano de Titán, y para tomar muestras de la superficie en busca de posibles signos de vida. Sería el segundo artefacto que llega a Titán, después de la sonda *Huygens*, de la NASA, que aterrizó allí en 2005.

▶ El Dragonfly descenderá en lugares de aterrizaje regulares en Titán y usará sus instrumentos científicos para investigar.

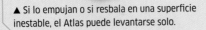

▲ Si lo empujan o si resbala en una superficie inestable, el Atlas puede levantarse solo.

SUBMARINO DE PROFUNDIDAD

Los robots submarinos, como los **robots NOC**, lideran la investigación científica en los océanos de todo el mundo. Estos vehículos submarinos autónomos (AUV) de largo alcance pueden sumergirse bajo el agua y bajo el hielo y alcanzar 6000 m de profundidad. Se programan con tareas preestablecidas y transmiten la información que recogen a los científicos (en barcos o en tierra) por medio de ondas de radio.

La mayoría de los AUV tienen forma de torpedo.

◄ Los AUV se lanzan desde barcos y pueden permanecer meses bajo el agua.

GUARDIÁN SUBACUÁTICO

Este robot marino tiene como misión proteger los arrecifes de coral del creciente número de peces león, que están cubiertos de espinas venenosas y se reproducen muy rápidamente, reduciendo las reservas de otros peces y destruyendo así los arrecifes de coral. El **Guardian LF1** se sumerge hasta 120 m, paraliza al pez león con una corriente eléctrica y lo absorbe en el interior de un contenedor.

▼ El Guardian LF1 puede descender a profundidades peligrosas para las personas.

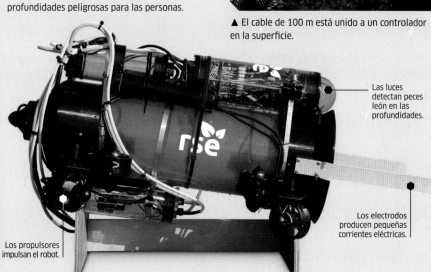

▲ El cable de 100 m está unido a un controlador en la superficie.

Las luces detectan peces león en las profundidades.

Los electrodos producen pequeñas corrientes eléctricas.

Los propulsores impulsan el robot.

UN ROBOT QUE CRECE

El diseño del **vinebot**, un nuevo robot blando que puede crecer alargándose en una dirección sin mover el cuerpo, está inspirado en organismos naturales como plantas trepadoras y hongos, que crecen y se expanden. Cuando un equipo experimental de diseño lo puso a prueba, el flexible vinebot pudo atravesar una complicada ruta de obstáculos y avanzar por paredes, largas tuberías y espacios estrechos. Los expertos esperan que en el futuro el vinebot pueda usarse para operaciones de rescate y para investigación.

▲ El vinebot, un tubo blando y ultraligero, puede moverse hacia un lugar predeterminado o hacer que su estructura crezca.

FABRICANTE
Festo

*« Las eMotionButterflies son completamente maniobrables, muy ágiles y **extremadamente parecidas** a su **modelo biológico**. »*

Festo

Las alas están hechas de una estructura de varas curvas de carbono recubiertas con una fina y ultraligera membrana condensadora que almacena carga eléctrica.

UNIDAD ELECTRÓNICA

Entre los componentes de estas mariposas hay un microcontrolador, una brújula, un acelerómetro, un giroscopio, dos luces led infrarrojas y dos baterías que pueden recargarse en solo quince minutos. Todo esto está instalado en un contenedor ultraligero que imita a la naturaleza. Cada robot mariposa pesa solo 32 g, un tercio del peso de una baraja de naipes.

La mariposa tiene una envergadura de 50 cm.

VISTA SUPERIOR

ROBOT **DE ENJAMBRE**

eMotion Butterflies

Estas bellas mariposas robóticas de medio metro de envergadura aletean muy cerca unas de otras en un estrecho espacio cerrado. ¿Cómo pueden hacerlo sin chocar? El secreto está en su control remoto, que usa cámaras de infrarrojos conectadas a un poderoso ordenador central. Las propias mariposas son verdaderas proezas de ingeniería y están equipadas con un microprocesador, sensores y dos motores que baten las alas. Poderosas baterías permitirían a este tipo de dispositivos evolucionar para crear bandadas o enjambres de robots que podrían examinar oleoductos remotos y otras estructuras.

ORIGEN
Alemania

ALIMENTACIÓN
Batería

CARACTERÍSTICAS
Inteligencia colectiva
de «enjambre»

117

Los circuitos integrados ajustan la velocidad a la que bate cada ala y su inclinación para que el robot pueda volar.

Las alas baten hasta dos veces por segundo, lo que permite al robot mariposa volar a una velocidad de 2,5 m/s.

CÓMO FUNCIONAN

Diez cámaras infrarrojas de alta velocidad crean un mapa del área de vuelo de los robots y siguen las luces led infrarrojas de cada mariposa, que funcionan como indicadores. El continuo flujo de datos se envía a un ordenador central que funciona como un controlador de tráfico aéreo y cuya considerable tarea es analizar 3700 millones de píxeles por segundo para actualizar la posición de cada mariposa. Si una se desvía de su ruta de vuelo, el ordenador le envía instrucciones para que corrija su trayectoria.

Las cámaras de infrarrojos captan 160 imágenes por segundo y están situadas de tal forma que dos de ellas registran siempre a cada robot mariposa.

Los robots mariposa reciben por radio órdenes del ordenador central. Cada robot recibe su propia ruta de vuelo para que viaje con seguridad.

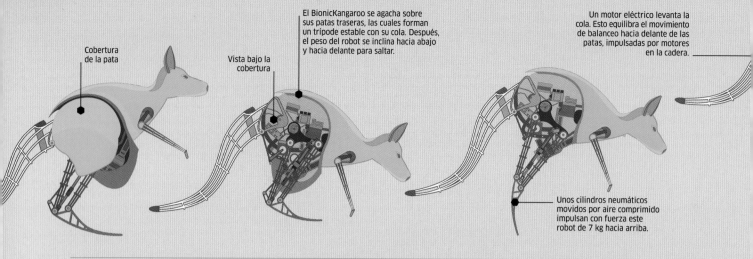

El BionicKangaroo se agacha sobre sus patas traseras, las cuales forman un trípode estable con su cola. Después, el peso del robot se inclina hacia abajo y hacia delante para saltar.

Cobertura de la pata

Vista bajo la cobertura

Un motor eléctrico levanta la cola. Esto equilibra el movimiento de balanceo hacia delante de las patas, impulsadas por motores en la cadera.

Unos cilindros neumáticos movidos por aire comprimido impulsan con fuerza este robot de 7 kg hacia arriba.

MOVIMIENTO INUSUAL

Las patas, las ruedas y las orugas no son los únicos métodos de desplazamiento de los robots. Los ingenieros en robótica, en su búsqueda de métodos más eficientes de locomoción robótica, han probado formas inusuales de propulsar a sus robots para que puedan conservar el equilibrio, superar obstáculos y operar en situaciones difíciles. Algunos buscan inspiración en la naturaleza y construyen robots que imitan los patrones de movimiento de ciertos animales.

Reptar

Algunos robots serpiente se mueven enroscando y estirando sus largos y flexibles cuerpos como las serpientes reales. Una serpiente, para avanzar, eleva su cuerpo en una serie de curvas y después lo impulsa hacia delante, desenrollándose a medida que avanza, como un acordeón. Su desplazamiento lateral (abajo) permite a un robot segmentado trepar por terreno accidentado.

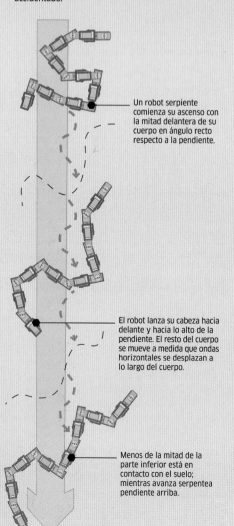

Un robot serpiente comienza su ascenso con la mitad delantera de su cuerpo en ángulo recto respecto a la pendiente.

El robot lanza su cabeza hacia delante y hacia lo alto de la pendiente. El resto del cuerpo se mueve a medida que ondas horizontales se desplazan a lo largo del cuerpo.

Menos de la mitad de la parte inferior está en contacto con el suelo; mientras avanza serpentea pendiente arriba.

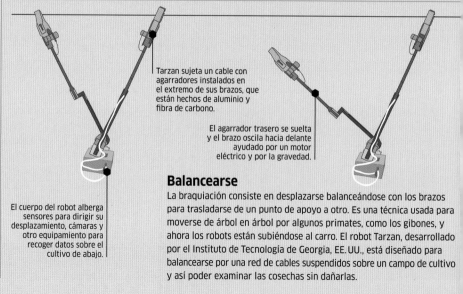

Tarzan sujeta un cable con agarradores instalados en el extremo de sus brazos, que están hechos de aluminio y fibra de carbono.

El agarrador trasero se suelta y el brazo oscila hacia delante ayudado por un motor eléctrico y por la gravedad.

El cuerpo del robot alberga sensores para dirigir su desplazamiento, cámaras y otro equipamiento para recoger datos sobre el cultivo de abajo.

Balancearse

La braquiación consiste en desplazarse balanceándose con los brazos para trasladarse de un punto de apoyo a otro. Es una técnica usada para moverse de árbol en árbol por algunos primates, como los gibones, y ahora los robots están subiéndose al carro. El robot Tarzan, desarrollado por el Instituto de Tecnología de Georgia, EE. UU., está diseñado para balancearse por una red de cables suspendidos sobre un campo de cultivo y así poder examinar las cosechas sin dañarlas.

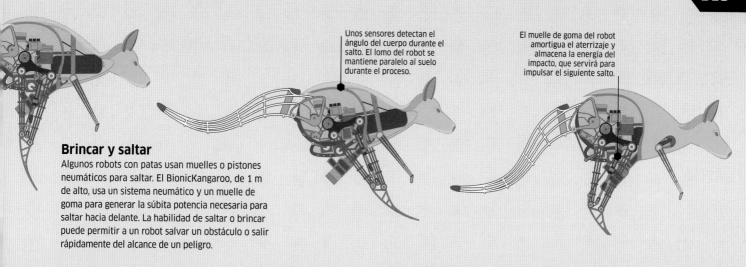

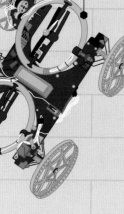

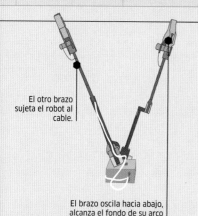

Unos sensores detectan el ángulo del cuerpo durante el salto. El lomo del robot se mantiene paralelo al suelo durante el proceso.

El muelle de goma del robot amortigua el aterrizaje y almacena la energía del impacto, que servirá para impulsar el siguiente salto.

Brincar y saltar

Algunos robots con patas usan muelles o pistones neumáticos para saltar. El BionicKangaroo, de 1 m de alto, usa un sistema neumático y un muelle de goma para generar la súbita potencia necesaria para saltar hacia delante. La habilidad de saltar o brincar puede permitir a un robot salvar un obstáculo o salir rápidamente del alcance de un peligro.

Los marcos circulares en los que giran los propulsores se inclinan para enfocar la pared. El empuje que generan mantiene las ruedas del robot presionadas contra la superficie.

Las ruedas delanteras, impresas en 3D, son orientables, lo que permite al robot virar mientras avanza por la pared.

Una unidad de medición de inercia instalada en la placa inferior de fibra de carbono del robot percibe si este se encuentra horizontal en el suelo o vertical y trepando una pared.

Movimiento vertical

Desplazarse por paredes y techos puede ser algo muy útil para robots diseñados para explorar o para zonas peligrosas. A algunos robots con patas se les instalan agarradores de succión para sujetarse a las paredes. Otros prototipos cuentan con una solución parecida a los pelos adhesivos de las salamanquesas, que les proporcionan agarre en superficies verticales. Otro ingenioso sistema de locomoción consiste en propulsores que cambian de ángulo y generan el empuje necesario para que el robot avance contra la gravedad.

El otro brazo sujeta el robot al cable.

El brazo oscila hacia abajo, alcanza el fondo de su arco y después se mueve de nuevo hacia arriba.

El propulsor trasero gira, proyectando aire hacia atrás y propulsando el robot hacia la pared.

El propulsor delantero se inclina para impulsar las ruedas hacia arriba por la pared.

FABRICANTE
Eelume AS

ORIGEN
Noruega

DESARROLLO
2016

PESO
Hasta 75 kg

CÓMO FUNCIONA

El Eelume es un robot flexible compuesto de varias articulaciones y módulos. Se maneja a través de una estación de mando. Muchos vehículos operados a distancia (ROV) son demasiado grandes para el limitado espacio de las instalaciones subacuáticas, pero el tamaño y la forma de este robot le permiten un acceso inmediato y fácil. Puede alargarse y acortarse según las condiciones de cada tarea, y usar una gran variedad de herramientas y sensores para realizar inspecciones y reparaciones subacuáticas.

Se pueden añadir varias herramientas al cuerpo principal del Eelume.

> **"**Nuestros vehículos pueden **estar permanentemente bajo el agua**, donde pueden movilizarse en cualquier momento al margen de las condiciones atmosféricas.**"**
>
> **Eelume**

BUEN NADADOR

El Eelume ha mostrado gran rendimiento en profundidades de hasta 150 m entre corrientes y en mares tormentosos. Puede instalarse en estaciones permanentes en el fondo marino y estar bajo el agua de forma indefinida, por lo que el mal tiempo en la superficie no le supone un problema. Los movimientos fluidos y regulares de este robot le permiten una gran eficiencia limpiando y reparando, así como captando detalladas fotografías y vídeos.

El módulo articulado extiende o cambia la forma del robot.

La cámara HD frontal puede captar fotografías y vídeos de gran nitidez.

Las luces led proporcionan visibilidad hasta en los fondos marinos más turbios.

La cámara está instalada en un mecanismo pivotante y puede rotar para captar todos los ángulos.

El módulo de alimentación se conecta a una fuente de alimentación externa para recargar el Eelume.

El módulo de propulsores longitudinales le permite avanzar y retroceder.

UN ROBOT VERDE

El Eelume es una solución ecológica a la gestión de instalaciones submarinas. En este tipo de tareas, suelen utilizarse vehículos de superficie, pero este robot acuático puede comenzar directamente desde su base permanente en el lecho marino. Las cámaras de su cuerpo ofrecen a su operador una imagen clara de las inspecciones y reparaciones en curso. Como resultado, la seguridad se antepone a todo, se recortan los gastos y se reduce el impacto sobre el medio ambiente.

El robot puede sujetarse a la instalación con un extremo mientras trabaja con el otro.

El módulo de propulsores laterales le permite moverse hacia los lados.

Su esbelto diseño garantiza su precisa maniobrabilidad en corrientes agitadas.

ROBOT DE TRABAJO
EELUME

Este robot autopropulsado, diseñado para uso subacuático, posee una agilidad serpentina y la hidrodinámica habilidad para nadar de una anguila. Su cuerpo está hecho de módulos que pueden cambiarse y adaptarse a distintas tareas. Ahora que las compañías petroleras y gasíferas buscan nuevos métodos para gestionar sus instalaciones marítimas, el Eelume está a la cabeza en el campo de la inspección, el mantenimiento y la reparación. Este cambiante robot acuático, equipado con cámaras, sensores y una amplia gama de herramientas, puede ponerse recto como un torpedo para viajes de larga distancia pero es lo bastante ágil y versátil como para explorar lugares adonde ningún buzo o vehículo puede llegar.

ESTACIÓN SUBMARINA

El Eelume puede conectarse a una estación de carga permanente en el lecho oceánico en la que caben numerosos robots. Puede salir nadando de su base para inspeccionar plataformas petrolíferas y oleoductos sin necesidad de embarcaciones de superficie. Puede que los diseños del futuro puedan soportar una mayor presión para investigar y reparar a mayores profundidades.

FABRICANTE
Festo

ORIGEN
Alemania

ALTURA
1 m

ROBOT **BIOMIMÉTICO**

Bionic Kangaroo

El canguro, el animal australiano favorito de todo el mundo, tiene una versión tecnológica con el BionicKangaroo. Este robot puede saltar como un canguro de verdad y alcanzar 40 cm de altura y 80 cm de longitud. Sus fabricantes alemanes estudiaron la especial forma de moverse de los canguros durante dos años antes de perfeccionar su adaptación artificial. Los motores, los sensores y las patas (que almacenan energía) del BionicKangaroo garantizan que nunca se cansa. La tecnología de resistencia del futuro para robots y coches podría basarse en este modelo.

El chasis de gomaespuma está reforzado con carbono para que sea ultraligero.

Las patas frontales se impulsan hacia arriba para incrementar la distancia del salto.

La cola es un tercer punto de contacto con el suelo para lograr estabilidad extra cuando está parado.

VISTA LATERAL

CÓMO FUNCIONA

Un canguro almacena y libera energía para saltar gracias a su equivalente de nuestro tendón de Aquiles (el tejido que conecta la pantorrilla con el talón). La versión robótica usa una compleja combinación de tecnología neumática y eléctrica, junto con un muelle de goma que imita su comportamiento. Un ordenador central de control analiza datos de los sensores del robot para determinar su posición de salto y aterrizaje.

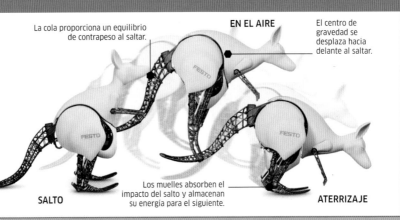

La cola proporciona un equilibrio de contrapeso al saltar.

EN EL AIRE

El centro de gravedad se desplaza hacia delante al saltar.

SALTO

Los muelles absorben el impacto del salto y almacenan su energía para el siguiente.

ATERRIZAJE

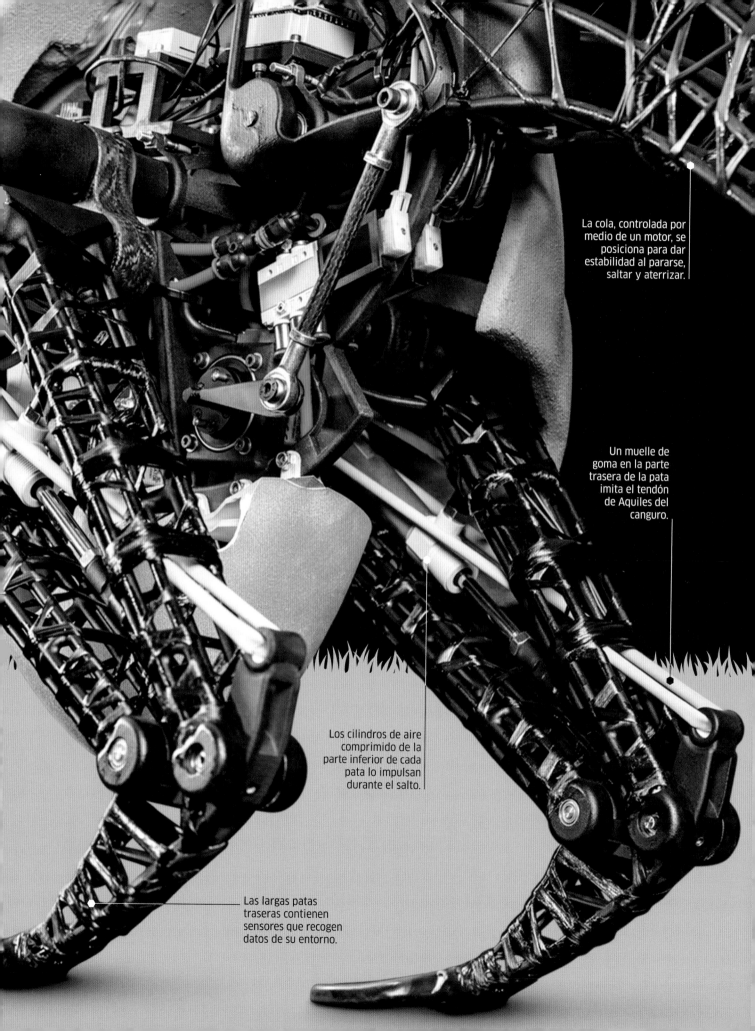

La cola, controlada por medio de un motor, se posiciona para dar estabilidad al pararse, saltar y aterrizar.

Un muelle de goma en la parte trasera de la pata imita el tendón de Aquiles del canguro.

Los cilindros de aire comprimido de la parte inferior de cada pata lo impulsan durante el salto.

Las largas patas traseras contienen sensores que recogen datos de su entorno.

REACCIONAR A LOS DATOS

El procesador de un robot recibe constantemente información a través de sus sensores. Los robots inteligentes usan estos datos para tomar toda clase de decisiones. La respuesta de un robot móvil a la información que recibe puede ir desde crear una imagen de su entorno o usar herramientas para examinarlo y tomar muestras, hasta abandonar esa localización y encontrar el camino hasta otro lugar. Los datos que recibe también pueden indicar que el robot se encuentra ante una situación peligrosa. En ese caso, puede hacer sonar una alarma o batirse en retirada para así protegerse.

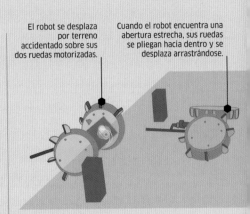

El robot se desplaza por terreno accidentado sobre sus dos ruedas motorizadas.

Cuando el robot encuentra una abertura estrecha, sus ruedas se pliegan hacia dentro y se desplaza arrastrándose.

Cambio de forma

Unos pocos robots tienen una reacción muy dramática a los datos que recogen: cambian de forma. Estos robots pueden alterar su forma por diferentes razones potenciales, por ejemplo para completar su tarea, como en el caso de un robot alto que altera su forma para hacerse más bajo y estable, y así poder levantar objetos pesados. En otros casos, un cambio de forma puede ayudar al robot a avanzar por diferentes tipos de medios, como en el caso de un robot terrestre que tenga que moverse por el agua.

Diferentes entornos

La reacción de algunos robots a los datos que obtienen es interactuar con su entorno. De esa forma pueden hacer hallazgos, como un robot submarino que encuentra y rescata tesoros de naufragios. Otros toman muestras del agua, el suelo o el aire que los rodea para analizarlas en un laboratorio.

Muestras de agua

El robot LRI Wave Glider carece de la habilidad de moverse. Va a la deriva en las olas del mar mientras recoge agua y hace pruebas de temperatura y de niveles de oxígeno, sal y polución.

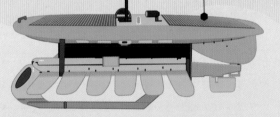

El robot recibe energía a través de paneles solares.

Rero

Este robot de juguete está provisto de partes modulares que se combinan para adoptar distintas formas, como la de robot araña (arriba) o humanoide (abajo). Puede que los robots del futuro adopten una construcción similar para ser capaces de alterar su forma y sus funciones.

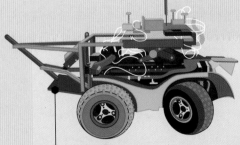

El robot también puede tomar muestras para análisis posteriores.

Muestras de suelo

Algunos robots excavan en la tierra para tomar muestras cilíndricas de roca. Estas se envían a un laboratorio científico para testar la acidez del suelo (su pH) y sus niveles de nutrientes cruciales para el crecimiento de las plantas, como el potasio.

La muestra de aire se almacena en esta bolsa.

Muestras de aire

Los drones pueden controlar la calidad del aire o la polución atmosférica provocada por las centrales químicas y eléctricas. Algunos drones pueden realizar pruebas en el momento, buscando concentraciones de sustancias potencialmente contaminantes.

Obstáculo

Las ruedas pueden desplegarse cuando el espacio delante se abre.

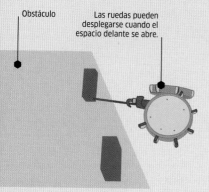

PUFFER

El prototipo del PUFFER (siglas en inglés de robot explorador plegable y desplegable) ha sido diseñado por la NASA para entrar en túneles de lava, cuevas estrechas y grietas en la roca mientras explora. Puede alterar su forma para meterse bajo ajustadas cornisas y por angostos agujeros.

Robots blandos

Este robot blando con cuerpo de flexible silicona en forma de X puede sobrevivir a aplastamientos y cambios de forma. Los robots blandos como este están basados en animales que cambian de forma para entrar por aberturas muy estrechas, como los pulpos y las sepias.

ATRON

Este robot consta de esferas independientes que pueden encajarse unas con otras para formar diferentes robots, como robots con patas, largos robots serpiente o róveres con ruedas.

RÓVER

ROBOT SERPIENTE

Pedir ayuda

Si un robot no puede evitar solo el peligro, puede pedir ayuda. Esto quizá conlleva alertar a sus controladores humanos para finalizar su misión y retirar el robot o quizá llamar a otros robots en su ayuda. La robótica colaborativa es un campo creciente y puede que algún día permita la existencia de equipos de robots que trabajen de forma individual pero que puedan agruparse para una tarea que requiera un esfuerzo colectivo. Un equipo de dos robots, por ejemplo, puede consistir en un robot aéreo o subacuático que transporta a un robot de tierra hasta una localización a la que no podría llegar solo.

Un empujón

Los robots de trabajo individuales como estos pueden trabajar solos, pero se unen para ayudarse en ciertas tareas. Si, por ejemplo, a uno le cuesta ascender una empinada pendiente, puede llamar a otros para ascenderla usando sus energías unidas.

Los robots se conectan con enlaces electromagnéticos que pueden encenderse o apagarse.

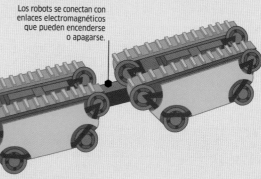

Drones autónomos

Un conjunto de paneles solares en el desierto puede obtener una gran cantidad de energía del sol, pero solo si el polvo del desierto no ensucia los paneles. Un dron autónomo podría recoger robots limpiadores, llevarlos a los paneles y recogerlos cuando terminen.

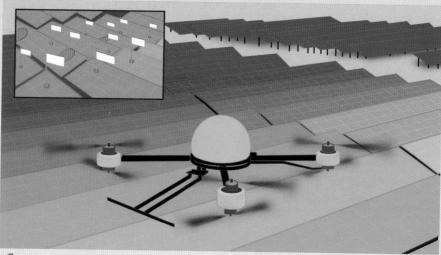

1 El dron vuela sobre los paneles solares e identifica las partes que están más cubiertas de arena y polvo.

2 El dron recoge al robot limpiador y lo lleva volando a los paneles solares.

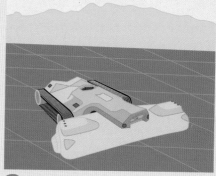

3 El robot limpiador se mueve por el panel limpiándolo bien de polvo.

FABRICANTE
Universidad de Harvard

ORIGEN
EE. UU.

DESARROLLO
2013

Cada ala puede controlarse por separado.

Este fino gozne de plástico incorporado en la RoboBee actúa como la articulación del ala.

Los actuadores de cerámica se instalan en el costado del cuerpo de fibra de carbono.

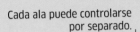

ALAS

Las alas del robot están hechas de una delgada membrana sobre una finísima estructura de fibras de carbono. Las versiones iniciales tenían una estructura de celosía (derecha).

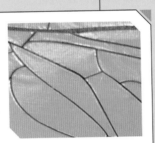

CÓMO FUNCIONAN

Diminutos actuadores de cerámica, llamados músculos de vuelo, la propulsan. Esos actuadores funcionan alterando su longitud cuando se les aplica una corriente eléctrica. El movimiento de los actuadores se convierte en un rápido aleteo (de unos 120 golpes por segundo) controlado por articulaciones en los hombros del robot. El ángulo de las alas y su patrón de aleteo puede alterarse para que el robot pueda cambiar la dirección de su vuelo en tres dimensiones, así como cabecear, alabear y guiñar.

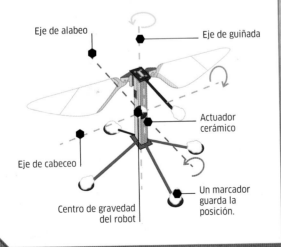

Eje de alabeo

Eje de guiñada

Actuador cerámico

Eje de cabeceo

Un marcador guarda la posición.

Centro de gravedad del robot

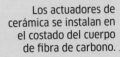

ALTURA
2 cm

PESO
0,08 g

ALIMENTACIÓN
Fuente de energía
integrada

La envergadura
de una RoboBee
es de 3 cm.

ROBOT HÍBRIDO

Una nueva RoboBee, desarrollada en 2017, puede volar, nadar y sumergirse en el agua. El robot está equipado con cuatro cajas en sus brazos, llamadas batangas, que lo ayudan a flotar. Una reacción química le permite impulsarse fuera del agua.

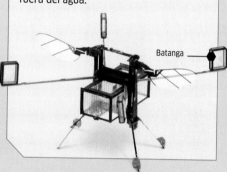

Batanga

> ❝Es un **vehículo aéreo,** en escala de centímetros, que mueve las alas y está **inspirado en la biología.**❞

Elizabeth Farrell Helbling,
ayudante de investigación, **Universidad de Harvard**

Los marcadores en los extremos de las patas del robot pueden ser detectados por cámaras de captura de movimiento para monitorizarlos mientras vuelan.

ROBOT **DE ENJAMBRE**
RoboBees

Las cosas grandes vienen en envases pequeños. Las RoboBees (abejas robóticas) son pequeños robots voladores desarrollados por ingenieros de la Universidad de Harvard, EE UU. Las RoboBees, ensambladas a mano con ayuda de un microscopio, están fabricadas con láminas de fibra de carbono unidas y pegadas. Hicieron su primer vuelo controlado en 2013. Pueden despegar y hacer cortos vuelos, cambiando fácilmente de dirección e incluso quedándose inmóviles en el aire. Cada RoboBee pesa solo 0,08 g: haría falta una docena de estos minúsculos robots para que pesaran lo mismo que una gragea de caramelo.

DRON MINÚSCULO

En una escala tan pequeña, fue imposible instalar a bordo del robot una fuente de energía, como una batería recargable, así que los diseñadores instalaron un cable eléctrico fino como un cabello que el robot va arrastrando (derecha). Avances posteriores han conseguido RoboBees con una antena y un simple sensor de luz para detectar la posición del sol y así saber cómo ir hacia arriba.

Una moneda de centavo pesa treinta veces más que una RoboBee.

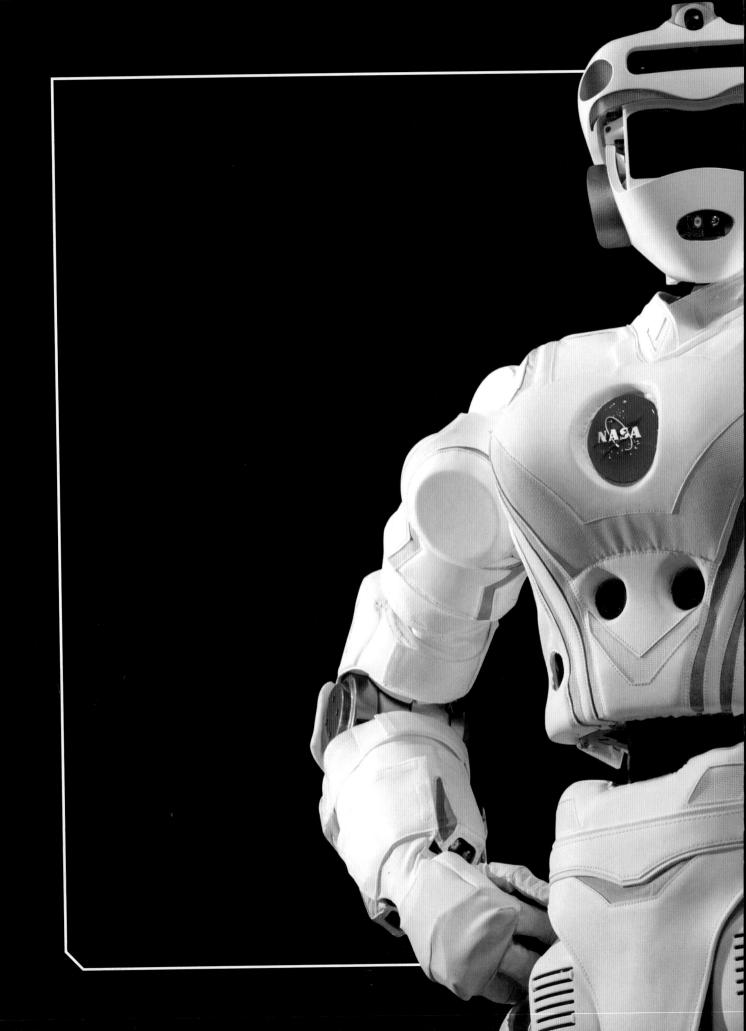

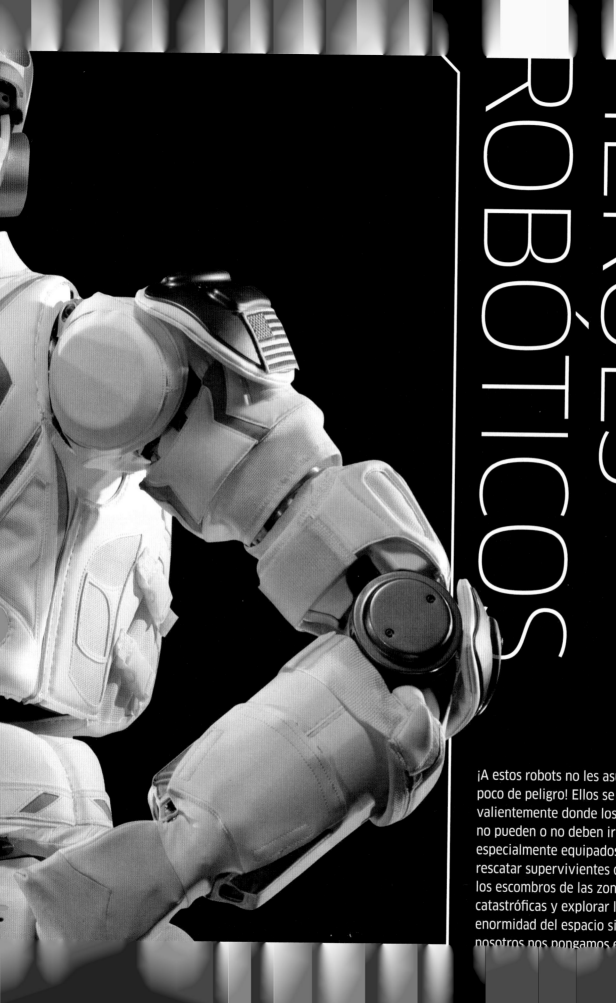

HÉROES ROBÓTICOS

¡A estos robots no les asusta un poco de peligro! Ellos se aventuran valientemente donde los humanos no pueden o no deben ir y están especialmente equipados para rescatar supervivientes de entre los escombros de las zonas catastróficas y explorar la enormidad del espacio sin que nosotros nos pongamos en peligro.

FABRICANTE
NASA

ORIGEN
EE. UU.

LANZAMIENTO
2020

ALTURA
2,1 m

PESO
1050 kg

CÓMO FUNCIONA

El Mars 2020 es un laboratorio científico rodante, equipado con instrumentos y experimentos científicos y con 23 cámaras para documentar y entender mejor la geología de Marte y averiguar si existió vida allí en el pasado. Uno de los instrumentos, MOXIE, convertirá muestras de la tenue atmósfera de Marte (compuesta por un 95 por ciento de dióxido de carbono) en oxígeno, una gas crucial para una futura base habitada por humanos.

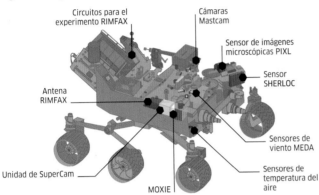

Circuitos para el experimento RIMFAX

Cámaras Mastcam

Sensor de imágenes microscópicas PIXL

Sensor SHERLOC

Antena RIMFAX

Sensores de viento MEDA

Unidad de SuperCam

Sensores de temperatura del aire

MOXIE

La SuperCam disparará un láser para vaporizar pequeñas áreas de roca y analizar su composición.

Su par de cámaras de navegación en blanco y negro serán capaces de detectar un objeto del tamaño de una pelota de golf a 25 m.

Las cámaras delanteras ayudarán a detectar obstáculos y objetivos en su camino.

Las ruedas de aluminio de 52,5 cm de ancho le permitirán avanzar sobre rocas de medio metro de alto.

ALIMENTACIÓN
Generador de
radioisótopo

ROBOT **ESPACIAL**

MARS 2020

El último modelo de la larga línea de róveres de la NASA llegará a Marte después de un viaje de nueve meses tras su proyectado lanzamiento en 2020. Trabajará solo en ese planeta rocoso y arenoso, a unos 225 millones de kilómetros de la Tierra (equivalentes a 586 viajes a la Luna). Por ello, necesita ser duro e inteligente para así poder orientarse y ascender abruptas laderas. Las múltiples herramientas que pueden instalarse en el extremo de su brazo robótico de 2,1 m de largo pueden perforar agujeros en la roca, extraer muestras, captar imágenes microscópicas y analizar la composición de las rocas y el suelo de Marte.

PRESERVAR MUESTRAS

Una de las tareas clave del róver será perforar el suelo para obtener muestras de roca a 5 cm bajo la superficie de Marte. Guardará estas muestras dentro de su chasis en tubos sellados individuales hasta que el control de la misión en la Tierra le ordene crear una provisión (una reserva) de tubos en la superficie del planeta. El róver registrará la localización exacta de la provisión para que potenciales misiones futuras puedan recuperarla.

Las muestras se recogen en esta área.

Aterrizaje

Las muestras se guardan aquí.

CONSTRUIR EL RÓVER

La construcción de este robot del tamaño de un coche conlleva que miles de técnicos especialistas se ocupen de las distintas partes de su estructura, sus componentes electrónicos y sus sensores. Su chasis de 3 m de largo contiene calentadores para proteger los delicados componentes del terrible frío de la atmósfera marciana.

> **❝Esta misión seguirá buscando vida en el universo.❞**
>
> *John Grunsfeld,* astronauta y administrador asociado de la **NASA**

El instrumento SHERLOC rastreará la superficie con un láser para detectar componentes químicos orgánicos de posibles seres vivos.

Control remoto

Muchos robots que trabajan en zonas catastróficas y otros entornos peligrosos se controlan a distancia. Un operador humano maneja en todo momento el robot, dirigiendo sus movimientos por medio de una palanca de mando, un panel táctil o algún otro dispositivo de entrada. Las instrucciones pueden enviarse por medio de cables cuando el robot trabaja cerca del operador, aunque la mayoría de los sistemas transmiten órdenes por radio, para que así el operador esté a salvo de cualquier peligro.

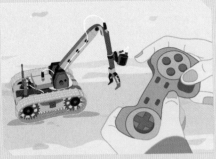

1 Despliegue
El robot Dragon Runner, robusto pero con solo 5 kg de peso, puede asomarse a una esquina o entrar por una ventana para investigar un dispositivo sospechoso, como una bomba o una trampa.

2 Orientación
Por medio de enlaces inalámbricos, su operador humano puede controlar el movimiento del robot a distancia con un ordenador portátil o un control manual. El operador usa las imágenes de la cámara del robot para diseñar su ruta.

3 Acción
El operador también puede ordenar al robot que realice diferentes acciones, como abrir puertas, cortar cables o incluso desactivar una bomba.

HALLAR EL CAMINO

Los robots móviles necesitan desplazarse a lugares específicos para realizar su tarea. Las rutas de algunos robots están controladas por humanos, pero otros son capaces de buscar su propio camino. Encontrar una ruta estable a un destino puede ser especialmente difícil para robots que trabajan en terreno desconocido o en un entorno peligroso, como los escombros de una zona catastrófica. En esas situaciones, el robot puede tener que abrirse paso entre obstáculos.

Humano y máquina

Algunos robots son inteligentes solo en parte. Pueden estar casi por completo controlados por humanos o poseer cierto grado de autonomía para tomar sus propias decisiones durante determinadas fases de sus tareas. Algunos robots de exploración, por ejemplo, reciben los datos de su itinerario de operadores humanos pero ellos mismos eligen el camino hasta el objetivo. En 2017, un robot subacuático semiinteligente llamado Mini Manbo se embarcó en una peligrosa misión en los restos inundados de la destruida central nuclear de Fukushima, en Japón. Lo controlaban operadores humanos pero el robot podía ignorar sus órdenes si sus sensores detectaban que se acercaba demasiado a un «punto caliente» altamente radiactivo. El robot consiguió encontrar el combustible de uranio de la central, que se buscaba desde hacía seis años.

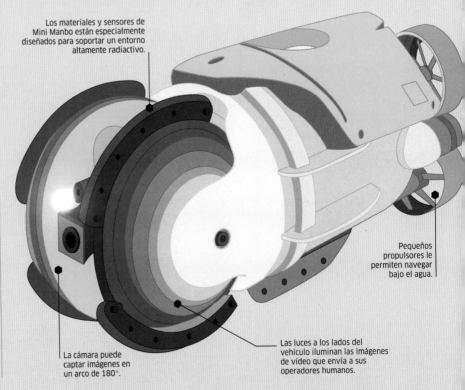

Los materiales y sensores de Mini Manbo están especialmente diseñados para soportar un entorno altamente radiactivo.

Pequeños propulsores le permiten navegar bajo el agua.

La cámara puede captar imágenes en un arco de 180°.

Las luces a los lados del vehículo iluminan las imágenes de vídeo que envía a sus operadores humanos.

Detectar obstáculos

Para desplazarse de forma segura, un robot necesita saber qué obstáculos hay en su camino y dónde se encuentran exactamente. Los sensores de obstáculos más sencillos son los de contacto, que registran una señal cuando tocan físicamente otro objeto. Los hay de muchos tipos: parecidos a antenas o bigotes de gato, o como meros interruptores en los parachoques de los AGV. Otros sensores envían señales de luz o de sonido para detectar obstáculos antes de que el robot se acerque demasiado.

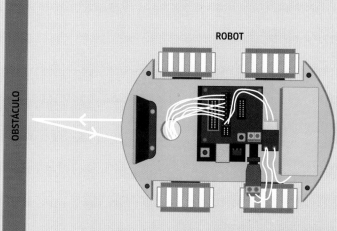

OBSTÁCULO

ROBOT

Luz infrarroja

Los sensores infrarrojos de distancia funcionan enviando rayos de luz infrarroja, invisible para el ojo humano. La luz se refleja en cualquier superficie que toca y es captada por uno o más receptores infrarrojos. El tiempo del proceso y el ángulo de regreso de la luz ayudan al robot a calcular la distancia y localización del objeto.

Evitar una caída

Los sensores de caída se encuentran en la parte inferior o lateral de algunos robots móviles, sobre todo en robots aspiradores. El sensor apunta hacia abajo y hace que la luz o el sonido reboten en las superficies. Si la señal no regresa inmediatamente, eso significa que el robot está cerca de una caída, por lo que cambia de dirección.

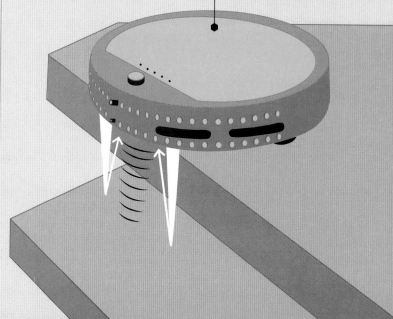

Un robot aspirador se acerca al borde de unas escaleras. Su sensor de caída lo alertará de que debe revertir su dirección para no caer.

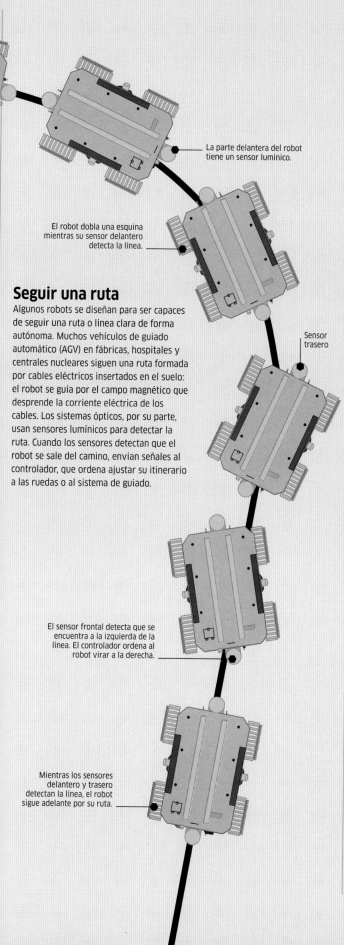

La parte delantera del robot tiene un sensor lumínico.

El robot dobla una esquina mientras su sensor delantero detecta la línea.

Seguir una ruta

Algunos robots se diseñan para ser capaces de seguir una ruta o línea clara de forma autónoma. Muchos vehículos de guiado automático (AGV) en fábricas, hospitales y centrales nucleares siguen una ruta formada por cables eléctricos insertados en el suelo: el robot se guía por el campo magnético que desprende la corriente eléctrica de los cables. Los sistemas ópticos, por su parte, usan sensores lumínicos para detectar la ruta. Cuando los sensores detectan que el robot se sale del camino, envían señales al controlador, que ordena ajustar su itinerario a las ruedas o al sistema de guiado.

Sensor trasero

El sensor frontal detecta que se encuentra a la izquierda de la línea. El controlador ordena al robot virar a la derecha.

Mientras los sensores delantero y trasero detectan la línea, el robot sigue adelante por su ruta.

FABRICANTE
Grupo Internacional Ripper

ORIGEN
Australia

LANZAMIENTO
2016

PESO
15 kg

CÓMO FUNCIONA UN DRON

Los vehículos aéreos no tripulados (VANT), conocidos como drones, son perfectos para las operaciones de rescate. Sus operadores pueden controlar el dron a distancia y este usa sus baterías para impulsar sus motores y hacer girar sus propulsores para volar. Los drones se usan en todo el mundo, especialmente allí donde los vehículos aéreos tripulados resultan demasiado grandes o están expuestos a peligros. Pueden ayudar en zonas de guerra y en situaciones catastróficas, cartografiar territorios o, sencillamente, usarse por diversión.

Los propulsores ultraligeros del dron le permiten volar con estabilidad.

Las palas del propulsor elevan al dron para volar.

El tren de aterrizaje puede ser fijo o retráctil.

La cámara graba vídeos del entorno del dron.

ROBOT **DIRIGIDO**

LITTLE RIPPER LIFESAVER

Las corrientes imprevistas y los tiburones pueden hacer del surf y la natación actividades de riesgo. Ayudar a mantener a salvo a la gente en las playas australianas es la tarea de Little Ripper Lifesaver, un dron de alta tecnología que puede detectar tiburones, hacer sonar una alarma, buscar a personas desaparecidas y llevar suministros de emergencia o balsas hinchables. El Little Ripper Lifesaver alcanza los 64 km/h y tiene una autonomía de 1,5 km en el mar. Funciona bien en climatología extrema y en lugares inaccesibles, lo que lo pone a la cabeza de la moderna tecnología de búsqueda y rescate. En 2018, salvó a dos nadadores atrapados en una corriente turbulenta frente a las costas de Nueva Gales del Sur, Australia, al llevarles una balsa hinchable con la que llegaron hasta la orilla.

DETECTAR TIBURONES
El Little Ripper Lifesaver lleva instalada tecnología SharkSpotter, con la que puede identificar y localizar tiburones en las cercanías y después volar sobre los nadadores o surfistas para prevenirlos del peligro. También puede identificar otros objetos en el agua, como barcas, ballenas, rayas y delfines. Puede transmitir en tiempo real los vídeos que graba a los socorristas en las torres de vigilancia de la playa.

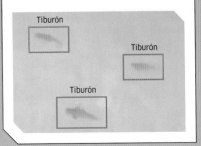

Tiburón

Tiburón

Tiburón

ALIMENTACIÓN
Batería

CARACTERÍSTICAS
Cámara, sistema de
altavoces, inteligencia
artificial y control remoto

137

Las cámaras se usan
para explorar, investigar
y vigilar áreas marítimas
determinadas por el
operador remoto.

En caso de que sea
necesario, el operador
puede hacer que deje caer
un dispositivo de flotación.

RESCATE DE RIPPER

En caso de emergencia, el Little Ripper Lifesaver deja caer un dispositivo de flotación que
se hincha al entrar en contacto con el agua. Este dispositivo puede llevar a cuatro adultos
durante veinticuatro horas. El dron usa un altavoz incorporado para explicar el uso del
dispositivo y para confirmar que hay un equipo de rescate en camino.

El Little Ripper Lifesaver
detecta personas en apuros

El dron deja caer un dispositivo de
flotación que se hincha en el agua

Los rescatados usan el flotador
para nadar hasta la orilla

FABRICANTE	ORIGEN	ALTURA	PESO
Tecnología Hankook Mirae	Corea del Sur	4,2 m	1,5 t

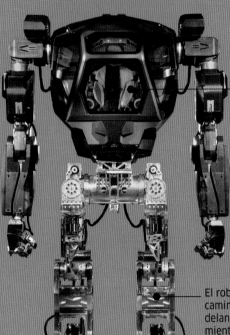

La cabina de cristal protector mantiene a salvo al piloto en entornos peligrosos.

El robot puede caminar hacia delante y hacia atrás mientras dos cables eléctricos de acero lo ayudan a mantener el equilibrio.

VISTA FRONTAL

MÉTETE

El Method-2 obedece las órdenes de su piloto. Este, sentado en la cabina sellada y protegido de los entornos peligrosos, se mueve usando palancas y el robot copia sus movimientos: si el piloto levanta un brazo, también lo levanta el robot. Como el robot no camina con paso seguro, la cabina está acolchada para proteger al piloto del impacto de un movimiento brusco.

Los movimientos están controlados por dos palancas mecánicas.

"El robot [...] está **construido para actuar** en **áreas peligrosas** donde los humanos no pueden ir."

Yang Jin-Ho, presidente de **Hankook Mirae Technology**

Los brazos y el torso están hechos de una aleación de aluminio y de fibra de carbono.

BUEN AGARRE

Hay más de cuarenta motores controlados por ordenador alojados en el torso del Method-2 que transmiten los movimientos del piloto a los brazos, las manos y los dedos, lo que permite al piloto un increíble nivel de control sobre los movimientos del robot.

Cada dedo mide unos 30 cm

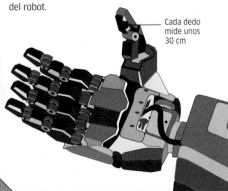

Las piernas del robot están hechas de una aleación de aluminio.

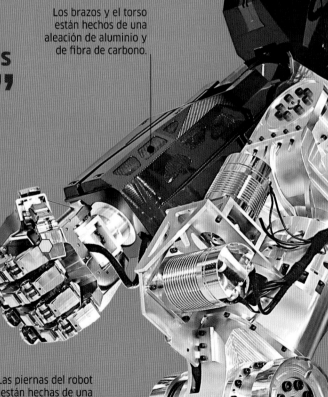

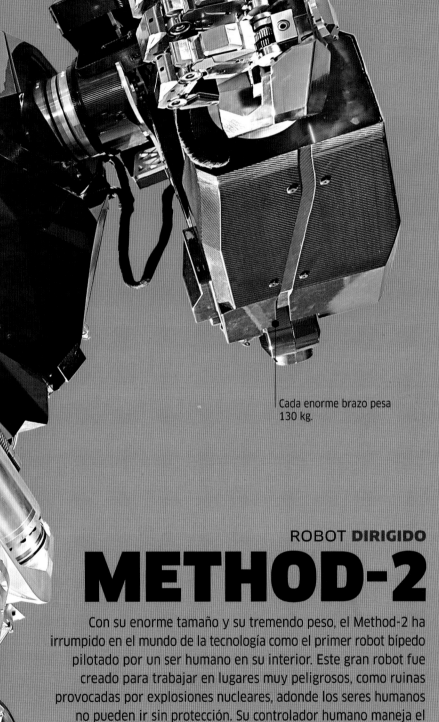

Cada enorme brazo pesa
130 kg.

ROBOT **DIRIGIDO**

METHOD-2

Con su enorme tamaño y su tremendo peso, el Method-2 ha
irrumpido en el mundo de la tecnología como el primer robot bípedo
pilotado por un ser humano en su interior. Este gran robot fue
creado para trabajar en lugares muy peligrosos, como ruinas
provocadas por explosiones nucleares, adonde los seres humanos
no pueden ir sin protección. Su controlador humano maneja el
robot protegido en la cabina. Un equipo de 45 ingenieros fabricaron
y probaron cada uno de sus cables, motores, tuercas y tornillos.
El aspecto de estrella de cine del Method-2 no es una coincidencia:
su diseñador también crea robots para superproducciones de
cine y videojuegos.

◄ Luigi tiene forma de cilindro, se controla por medio de un smartphone y los investigadores usan GPS para seguirlo.

Este robot de alcantarilla funciona con pilas.

Esta bomba absorbe muestras como un aspirador que aspira el polvo.

La muestra pasa por un filtro para impedir que entre agua, papel higiénico y otros desperdicios.

Estos sensores hacen que el robot flote a 40 cm sobre su objetivo.

PATRULLA DE ALCANTARILLA

El primer robot programado para buscar en las alcantarillas se llama **Luigi** y le encanta ensuciarse recogiendo residuos bajo las calles de algunas ciudades estadounidenses. Las muestras apestan, pero proporcionan a los científicos información sobre bacterias, virus y otras enfermedades. Sus descubrimientos ayudan a formarse una clara visión de la salud de una ciudad y a predecir el comportamiento futuro de las enfermedades. Otros sistemas de alcantarillado inteligente se están expandiendo por el mundo.

▲ Tras bajarlo de forma manual a las alcantarillas, Luigi investiga durante una hora mientras recoge muestras.

▲ El predecesor de Luigi era el robot Mario, que estaba equipado con jeringas que absorbían residuos. Sin embargo, su diseño contenía errores, así que se desarrolló a Luigi para subsanarlos.

▲ Este dron puede volar durante 10 km a una velocidad de hasta 40 km/h.

DRON DE VIGILANCIA

El dron **Lockheed Martin Indago** se usa en todo tipo de operaciones, desde búsqueda y rescate hasta ayuda en zonas catastróficas. Antes de una misión, un operador remoto escoge una carga explosiva o equipamiento de vigilancia, según convenga. Después, este cuadricóptero ultraligero se despliega en sesenta segundos y en poco más de dos minutos está volando, sin importarle las condiciones atmosféricas. Su operador puede seguir sus movimientos mediante un control inalámbrico manual con pantalla de vídeo.

DOCTORES AYUDANTES

Los robots y la inteligencia artificial también ayudan a los soldados que regresan de situaciones de gran tensión. **Ellie** es un ser humano virtual creado para ayudar a personas con trastornos de estrés a que hablen de sus sentimientos. Algunos estudios han mostrado que nos resulta más fácil abrirnos ante alguien anónimo. Este robot con inteligencia artificial funciona de forma automática mediante algoritmos para determinar sus palabras, gestos y movimientos. Ellie ya ha tratado a seiscientos pacientes para entrenarse.

SimSensei   **MultiSense**

▲ La sofisticada inteligencia artificial de Ellie puede leer y responder una conversación humana en tiempo real.

ZONAS DE PELIGRO

Al realizar las tareas más arriesgadas del mundo, los robots se han convertido en héroes modernos. Ellos no se arredran ante el peligro. No es que la tecnología tome el control, sino que los robots se atreven con peligros que los humanos prefieren evitar. Pueden vadear a través de desperdicios químicos y deshacerse de ellos, se sienten como en casa en los lugares más difíciles, sucios y peligrosos, y se aseguran de que los seres humanos no exponen su salud o sus vidas en estas arriesgadas tareas.

INSPECTOR DE SEGURIDAD

El robot portátil **PackBot** se usa para misiones peligrosas, como detectar productos químicos, asegurar edificios y desactivar explosivos. Se maneja a distancia mediante controles manuales parecidos a los de un videojuego. El robot contiene sensores, cámaras y cargas explosivas para realizar inspecciones de seguridad. Al menos dos mil PackBots se han desplegado en Irak y Afganistán, y cinco mil más se usan en equipos de seguridad de todo el mundo.

▲ El PackBot se desplaza a 9 km/h y puede avanzar sobre hierba, nieve, roca, escombros y agua.

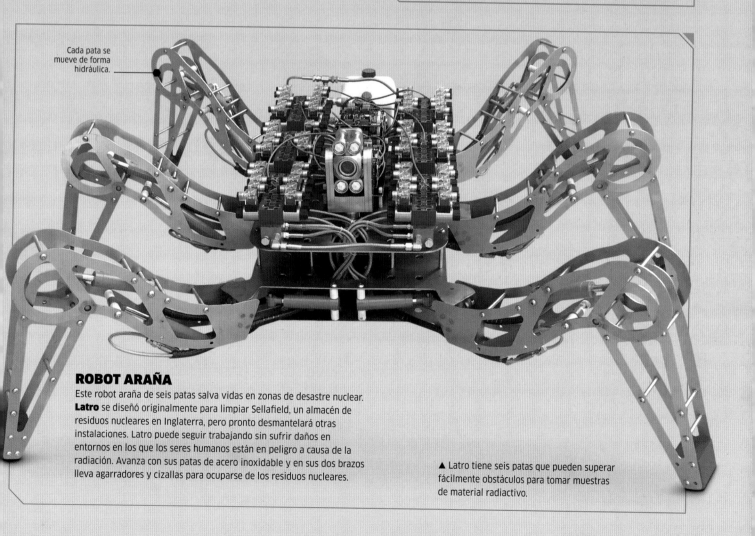

Cada pata se mueve de forma hidráulica.

ROBOT ARAÑA

Este robot araña de seis patas salva vidas en zonas de desastre nuclear. **Latro** se diseñó originalmente para limpiar Sellafield, un almacén de residuos nucleares en Inglaterra, pero pronto desmantelará otras instalaciones. Latro puede seguir trabajando sin sufrir daños en entornos en los que los seres humanos están en peligro a causa de la radiación. Avanza con sus patas de acero inoxidable y en sus dos brazos lleva agarradores y cizallas para ocuparse de los residuos nucleares.

▲ Latro tiene seis patas que pueden superar fácilmente obstáculos para tomar muestras de material radiactivo.

FABRICANTE
Sarcos

ORIGEN
EE. UU.

DESARROLLO
2015

PESO
7,2 kg

ROBOT **DE TRABAJO**

GUARDIAN™ S

El robot serpiente Guardian™ S puede entrar reptando con sigilo en las situaciones más peligrosas del mundo y está dotado de un sistema bilateral de voz, así como de vídeo y comunicación por datos con su operador humano. Este tremendo robot portátil puede vigilar e inspeccionar las áreas catastróficas más peligrosas. Puede detectar gas tóxico, radiación y componentes químicos dañinos sin poner en peligro vidas humanas. Los espacios angostos y el terreno accidentado no suponen ningún problema para Guardian™ S, que cuenta con orugas magnéticas para deslizarse en cualquier dirección.

LÍMITE VERTICAL

En las superficies horizontales, este robot serpiente puede llevar hasta 4,5 kg. Su cuerpo magnético puede reptar por paredes verticales y mantener el equilibrio sobre nieve, escombros, barro o agua. Los espacios angostos, como tuberías o tanques de almacenamiento, son ideales para poner a prueba su compacta tecnología. Incluso si hay estructuras derruidas o inestables, el Guardian™ S puede entrar y explorar en detalle sin poner en peligro las vidas de sus ayudantes humanos.

Los sensores de su chasis proporcionan información en tiempo real, como temperatura y humedad.

Las orugas delanteras y traseras mejoran la movilidad del robot.

UN ROBOT ELÁSTICO

Este robot terrestre es muy hábil alcanzando lugares inaccesibles para los seres humanos. Gracias a las orugas móviles de sus extremos, el Guardian™ S puede deslizarse con facilidad escaleras arriba. Su flexible cuerpo le permite doblar esquinas y seguir avanzando en todo tipo de terrenos fácilmente.

Su cuerpo magnético permite al robot subir por paredes y escaleras.

LUGARES EXTREMOS

El Guardian™ S se siente como en casa en los terrenos más peligrosos y mortales. Puede ayudar en muchos tipos de operaciones, como desactivación de bombas, búsqueda y rescate, prevención de fuegos y tareas de vigilancia. Este robot serpiente llega el primero y recoge datos para que los profesionales, situados a una distancia prudencial, puedan empezar a trabajar. El Guardian™ S es impermeable y puede descontaminarse tras exponerse a materiales contaminantes.

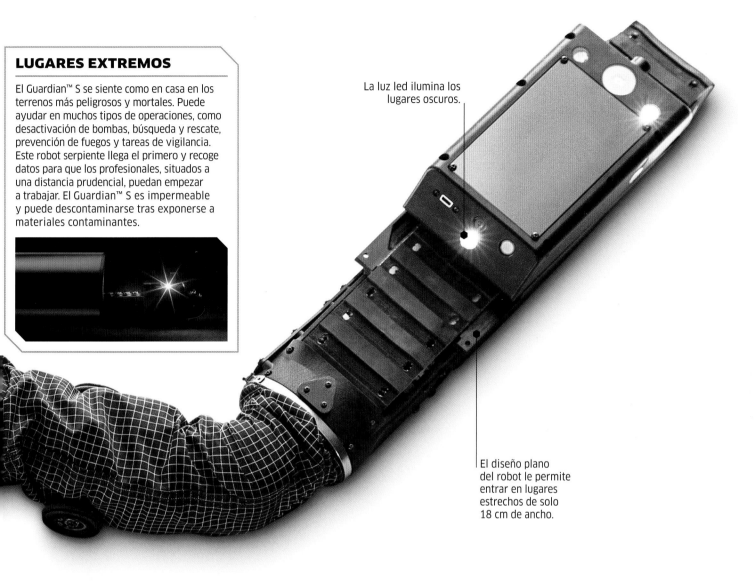

La luz led ilumina los lugares oscuros.

El diseño plano del robot le permite entrar en lugares estrechos de solo 18 cm de ancho.

CÓMO FUNCIONA

El Guardian™ S se lleva de forma manual hasta el lugar de la inspección o el área catastrófica. El operador enciende el robot y lo conecta de forma inalámbrica a un mando especial con palancas de mando como las de una videoconsola. El operador maneja el robot a distancia y sigue sus movimientos a través de la pantalla.

El robot puede moverse en todas las direcciones mientras envía datos e imágenes a su operador y marca las coordenadas de los lugares problemáticos. Después, analistas en diferentes lugares pueden estudiar y compartir la información y acordar un plan de acción. El Guardian™ S puede cubrir una distancia de 4,8 km sin recargar.

El Guardian™ S se coloca en el área de inspección, donde puede reptar e introducirse en lugares muy angostos.

Puede realizar un giro de 360° si es necesario, así como enderezarse si algo lo derriba.

La elástica sección central dota al robot de un enorme grado de flexibilidad para operar en zonas complicadas.

FABRICANTE
Universidad de
Carnegie Mellon

ORIGEN
EE. UU.

DESARROLLO
2013

ROBOT **DIRIGIDO**

CHIMP

No hay tiempo para monerías con Chimp («chimpancé» en inglés y siglas de «plataforma móvil altamente inteligente de la Universidad de Carnegie Mellon»). Este robot de rescate puede aportar asistencia vital en las situaciones más complicadas. Los robots humanoides suelen tener problemas para conservar el equilibrio sobre dos piernas, pero Chimp supera ese problema gracias a las orugas motorizadas que lleva en cada una de sus cuatro extremidades para avanzar, virar y trepar con facilidad. También tiene pulgares oponibles, que lo ayudan a sujetarse en espacios restringidos. Chimp es una gran aportación a la robótica de rescate gracias a su fuerza, estabilidad, destreza y capacidad.

La cabeza está equipada con cámaras y sensores.

Sus fuertes agarradores pueden llevarse escombros o productos químicos de zonas catastróficas.

Las articulaciones motorizadas le permiten agarrar cosas con un movimiento humano.

Los largos brazos de Chimp alcanzan distancias de casi 3 m.

ALTURA
1,4 m

PESO
200 kg

ALIMENTACIÓN
Fuente de energía externa por medio de correa electrodinámica

CARACTERÍSTICAS
Láseres, sensores, cámaras y motores

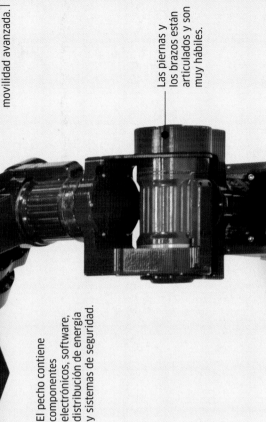

Las orugas de goma en los brazos y piernas lo dotan de un gran equilibrio y de movilidad avanzada.

Las piernas y los brazos están articulados y son muy hábiles.

El pecho contiene componentes electrónicos, software, distribución de energía y sistemas de seguridad.

Las orugas de los pies le permiten moverse con fluidez.

❝Chimp no corre peligro de volcarse y nunca se balancea porque no lo necesita.❞

Clark Haynes, **Universidad de Carnegie Mellon**

Chimp usa su visión panorámica para localizar un objeto y algoritmos de movimiento para agarrarlo.

Sus extremidades permiten a Chimp subir una escalera.

Trepar es fácil para el simiesco Chimp, que obtiene equilibrio y seguridad gracias a sus cuatro extremidades.

Las orugas de las extremidades de Chimp lo dotan de estabilidad y movilidad sobre sus dos piernas.

Sus agarradores flexibles sujetan y giran una rueda.

Su postura equilibrada es excepcional para un robot humanoide.

CÓMO FUNCIONA

En la cabeza, Chimp tiene seis cámaras y sensores de LiDAR (radar lumínico), lo cual permite a su operador tener una visión en 3D del entorno inmediato del robot. El operador controla los movimientos y las acciones de Chimp, pero el robot también se puede programar para trabajar de forma autónoma.

PONIENDO A PRUEBA EL EQUILIBRIO

En 2015, Chimp estuvo entre los primeros campeones de una competición de robots humanoides en el Centro Nacional de Ingeniería Robótica, en la Universidad de Carnegie Mellon, EE.UU., en la que se testaron diferentes diseños de robot para encontrar las mejores aplicaciones de sus capacidades en situaciones reales. El equilibrio y la movilidad de Chimp salieron airosos de la prueba.

RECONOCER EL TERRENO

A los seres humanos se nos da bastante bien saber dónde estamos (una habilidad llamada «localización»). Podemos reconocer objetos y lugares y, a veces, usar pistas sensoriales, como por ejemplo: «Si oigo tráfico es que hay una carretera cerca». Los robots, en cambio, no poseen un sentido innato de dónde están. Hay que equiparlos con sensores y con sofisticados algoritmos en su software que actúan en combinación para localizar el robot y permitirle planear su siguiente movimiento.

Crear mapas

Algunos robots, especialmente los que trabajan en el espacio o en lugares peligrosos de la Tierra, crean mapas de sus alrededores que ellos mismos puedan entender y manejar. Los róveres de exploración marciana (MER) reciben un objetivo en Marte, pero después ellos deben calcular el mejor itinerario hasta su destino. Los robots consiguen llegar usando sus cámaras y su software cartográfico.

1 Escaneo

Las cámaras estereoscópicas del róver toman imágenes del paisaje en su camino y las combina para crear un simple mapa de profundidad. También calcula las distancias a un gran número de puntos individuales en el terreno (hasta dieciséis mil).

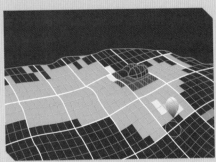

2 Dificultad del terreno

El software del róver evalúa el terreno, midiendo la inclinación de las pendientes y su textura. Las áreas se colorean según códigos para facilitar el desplazamiento. Las zonas más difíciles se marcan en rojo.

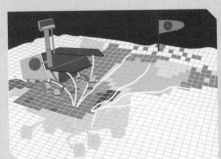

3 Ruta elegida

El software calcula un número de diferentes rutas hasta su objetivo y, tras compararlas en función de la velocidad y la seguridad, elige la mejor. Mientras el róver se desplace por esa ruta, el proceso de cartografiado se repetirá a menudo.

GPS

Una red de más de treinta satélites en órbita alrededor de la Tierra proporciona información precisa sobre su localización a los robots y a otros dispositivos equipados con un receptor de GPS (sistema de posicionamiento global). El receptor mide el tiempo que tardan las señales en llegar desde el satélite y lo convierte en distancia. Conocer la distancia exacta al satélite le permite usar trilateración para calcular su lugar exacto sobre la Tierra. Cuando el receptor encuentra cuatro o más satélites de GPS, ya puede calcular su posición y altitud.

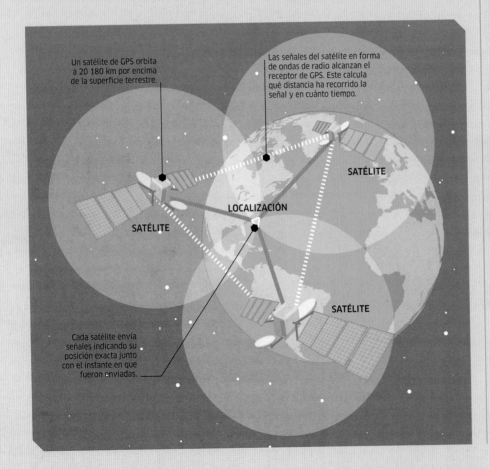

Un satélite de GPS orbita a 20 180 km por encima de la superficie terrestre.

Las señales del satélite en forma de ondas de radio alcanzan el receptor de GPS. Este calcula qué distancia ha recorrido la señal y en cuánto tiempo.

SATÉLITE

SATÉLITE

LOCALIZACIÓN

SATÉLITE

Cada satélite envía señales indicando su posición exacta junto con el instante en que fueron enviadas.

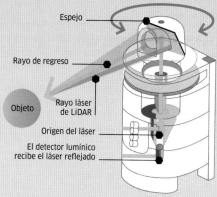

Espejo

Rayo de regreso

Objeto

Rayo láser de LiDAR

Origen del láser

El detector lumínico recibe el láser reflejado

SENSOR DE LiDAR

Las imágenes generadas por el LiDAR pueden colorearse para hacer más clara la elevación o la distancia.

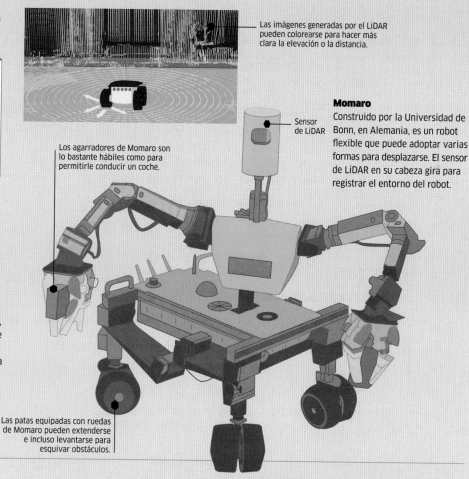

Los agarradores de Momaro son lo bastante hábiles como para permitirle conducir un coche.

Momaro

Sensor de LiDAR

Construido por la Universidad de Bonn, en Alemania, es un robot flexible que puede adoptar varias formas para desplazarse. El sensor de LiDAR en su cabeza gira para registrar el entorno del robot.

LiDAR

Un sensor de detección y medición de distancias por luz (LiDAR) detecta luz reflejada para elaborar un mapa del entorno del robot. La luz se refleja en los objetos y es captada por los detectores lumínicos, que calculan la distancia al objeto según el tiempo que tarda en regresar. El LiDAR, que se usó por primera vez en aviones para cartografiar el terreno, se instala ahora en coches sin conductor, VANT y otros robots. Algunos sistemas de LiDAR envían 150 000 impulsos de luz por segundo para escanear su entorno y crear un mapa detallado.

Las patas equipadas con ruedas de Momaro pueden extenderse e incluso levantarse para esquivar obstáculos.

Sónar

Los sensores de sónar (acrónimo de «detección y medición de distancias por sonido») funcionan de forma parecida a los de LiDAR, solo que con ondas de sonido. El sónar se usa sobre todo bajo el agua, porque las ondas de sonido pueden viajar más fácilmente en el agua que la luz o las ondas de radio. El sónar se usa para crear mapas del lecho marino en busca de peligros o para localizar restos de naufragios.

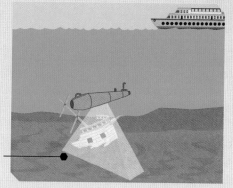

Las ondas de sonido rebotan en un barco hundido.

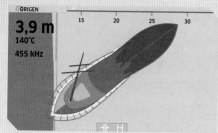

ORIGEN

3,9 m
140°C
455 kHz

Imagen de sónar

Un sistema de sónar proporciona una imagen de los restos del naufragio junto con información sobre la distancia y su tamaño.

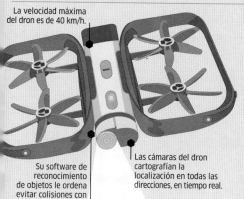

La velocidad máxima del dron es de 40 km/h.

Su software de reconocimiento de objetos le ordena evitar colisiones con árboles y otros objetos.

Las cámaras del dron cartografían la localización en todas las direcciones, en tiempo real.

SLAM

La localización y modelado simultáneos (SLAM) es una excitante rama de la navegación robótica que podría ayudar a los vehículos aéreos no tripulados (VANT) del futuro, así como a robots de tierra en busca de supervivientes en zonas catastróficas. La SLAM necesita una gran potencia computacional para crear y actualizar permanentemente un mapa de la localización y el entorno precisos de un robot. Un dron autónomo, el Skydio R1, usa SLAM y seis pares de cámaras de navegación para crear un mapa de 3D de su entorno inmediato y así evitar colisiones y seguir un objeto móvil, que graba con su videocámara.

Seguimiento

El dron es capaz de seguir un objetivo, como esta persona, incluso aunque esta trate de despistarlo dando giros bruscos.

ESPECIFICACIONES

🔧 **FABRICANTE**
NASA

🌐 **ORIGEN**
EE. UU.

📅 **DESARROLLO**
2013

El visor oscuro contiene un sistema de 3D y una cámara.

La cabeza del robot puede inclinarse y girar como una cabeza humana.

Cada brazo tiene siete articulaciones y varios actuadores para moverse.

R5 VALKYRIE

Lo más cerca que ha llegado la robótica de crear un superhéroe moderno es el alucinante robot humanoide R5 Valkyrie. Este robot bípedo que funciona con batería puede trabajar sin ayuda humana en entornos extremos. Su nombre viene de las valquirias, personajes sobrenaturales de la mitología nórdica que decidían a qué guerreros premiar tras la muerte. El Valkyrie se beneficia de muchos años de pruebas por parte de la NASA y de información sobre robots humanoides previos, y está equipado con numerosos sensores y actuadores (partes motoras) diseñados para que pueda realizar complejas tareas. Su próxima misión tendrá lugar en Marte, donde será el Valkyrie quien dé los primeros pasos antes de la llegada de visitantes humanos.

El pecho acolchado lo protege en caso de que se caiga de frente.

MÁQUINA LUNAR

Uno de los últimos róveres de exploración es el ATHLETE (siglas de «explorador hexápodo extraterrestre todoterreno»). Este róver, parecido a un gigantesco insecto futurista, puede caminar o rodar sobre superficies irregulares parecidas a las de la Luna. Además, está equipado con un gancho agarrador extraíble y con instrumentos de excavación y podrá desplazarse a una velocidad cien veces superior a los róveres actuales.

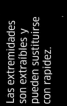

ALTURA
1,8 m

PESO
136 kg

ALIMENTACIÓN
Batería

Las extremidades son extraíbles y pueden sustituirse con rapidez.

La cobertura de plástico de las piernas contiene ventiladores para que no se recalienten.

Las gruesas piernas del robot y sus anchos pies le permiten conservar el equilibrio al caminar.

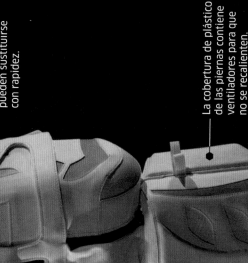

Los actuadores de las piernas le permiten moverse con facilidad.

Su armadura cubierta de gomaespuma le da protección extra.

«Este robot humanoide **robusto, resistente** y eléctrico es capaz de **operar en entornos degradados.**»

NASA

PREPARÁNDOSE PARA EL FUTURO

El equipo del Valkyrie trabaja constantemente para mejorar la destreza del robot y permitirle trabajar junto con astronautas en exploraciones futuras.

Una serie de pruebas ha llevado al Valkyrie a los límites de su capacidad. El robot puede conducir, subir una escalera, usar herramientas eléctricas y caminar sobre terreno inestable sin tambalearse. Esta preparación intensiva será muy útil cuando el Valkyrie llegue a Marte.

La versión perfeccionada del Valkyrie tiene manos humanoides modificadas para mejorar su rendimiento. Cada mano tiene cuatro dedos para agarrar, manipular y usar con precisión y cuidado una gran variedad de objetos e instrumentos. Los actuadores permiten que las muñecas giren con facilidad, lo que le concede más libertad de movimiento.

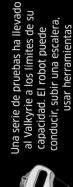

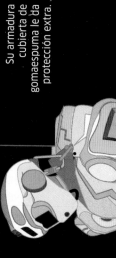

GLOSARIO

3D
Abreviatura de «tres dimensiones», cuando algo crea la impresión de profundidad, altura y anchura.

aceleración
Un cambio en la velocidad.

acelerómetro
Instrumento para medir la aceleración.

actuador
Parte motora de un robot, como un motor o un brazo robótico.

aerodinámica
Estudio del movimiento de los cuerpos sólidos a través del aire.

agarrador
Parte de un robot que tiene la capacidad de agarrar y manipular objetos.

algoritmo
Serie de pasos que debe tomar un ordenador para resolver un problema o llevar a cabo una tarea.

aplicación
Programa de software diseñado para un fin en particular.

asistente doméstico
Tipo de inteligencia artificial que se utiliza sobre todo en el hogar y que usa poderosos micrófonos, software especial y una conexión a internet para responder a preguntas e instrucciones de su dueño.

autómata
Máquina que imita las acciones de una persona o animal pero no posee inteligencia. Un autómata es solo capaz de realizar una serie de movimientos predeterminados.

automático
Palabra que designa una acción que ocurre por sí misma con poco o ningún control humano.

autónomo
Término para algo artificial que puede tomar decisiones y actuar según estas sin ayuda o control humanos.

AUV
Acrónimo de «vehículo submarino autónomo». Robot submarino no tripulado usado para exploración subacuática.

avatar
Representación de un ser humano en un lugar en el que no está presente.

biónico
Que tiene partes del cuerpo artificiales.

brazo robótico
Brazo articulado versátil y controlado por ordenador que puede manejar herramientas y realizar trabajo en una fábrica. Es el tipo de robot más común en la actualidad.

cámara estereoscópica
Cámara con dos o más lentes, o bien dos o más cámaras que funcionan de forma conjunta, con el objetivo de crear un efecto parecido a la visión estereoscópica del ser humano.

chip informático
Conjunto de circuitos electrónicos en una placa de material semiconductor, normalmente silicona. También se conoce como circuito integrado.

código
Instrucciones escritas en lenguaje de programación que ordenan a un ordenador que haga algo.

componente
Parte de algo. En los robots, se llama componentes a piezas como un sensor o una pantalla táctil.

consola
Dispositivo que contiene controles para una máquina o robot.

CPU
Ver «unidad de procesamiento central».

datos
Mediciones u otra información básica recogida o almacenada por un robot dotado de inteligencia artificial. Un ordenador usa los datos para decidir qué debe hacer el robot.

depuración
Proceso de encontrar y solucionar bichos (errores) en los programas.

destreza
Habilidad de un robot para desempeñar tareas, especialmente con sus brazos o elementos terminales.

diagrama de flujo
Diagrama que describe una secuencia. Un diagrama de flujo puede usarse para explicarle a un ser humano qué es lo que hace un programa informático y cómo toma sus decisiones.

dron
Máquina voladora no tripulada y controlada a distancia. Algunos drones no son verdaderos robots, pues carecen de autonomía y solo poseen un nivel básico de inteligencia.

elemento terminal
Parte conectada al extremo de un brazo robótico en el lugar donde estaría la mano en un ser humano. Los elementos terminales están diseñados para llevar a cabo tareas específicas y, por ello, existen muchos diseños diferentes.

entorno
La localización y las condiciones en las que trabaja un robot o cualquier otra máquina.

estímulo
Cosa o evento que causa una reacción en algo.

exoesqueleto
Cobertura externa dura que cubre el cuerpo. Muchos insectos tienen exoesqueleto y también algunos tipos de robot.

giroscopio
Dispositivo consistente en una rueda o disco que gira rápidamente sobre un eje que está libre para alterar su dirección. La orientación del eje no está afectada por la inclinación, lo que hace que el giroscopio sea un útil componente de muchas máquinas que necesitan estabilidad.

GPS
Acrónimo de «sistema de posicionamiento global», un sistema para determinar la posición de un objeto sobre la superficie de la Tierra al comparar señales de radio de varios satélites. Las diferencias de tiempo entre las señales sirven para averiguar la posición del receptor de GPS con un margen de error de metros.

háptico
Relacionado con el sentido del tacto. Un robot puede enviar información háptica a un ser humano en forma de vibraciones o de resistencia física.

hardware
Las partes físicas de un ordenador, como la carcasa exterior y los circuitos internos.

HD
Abreviatura de «alta definición». La HD está relacionada con la resolución (calidad) de los datos de vídeo, fotografía o sonido.

hexápodo
Se dice de un robot que tiene seis patas y que camina de forma parecida a un insecto.

hidráulico
Relacionado con el fenómeno de un líquido que se mueve bajo presión en un espacio reducido. La hidráulica es una de las técnicas usadas para mover las partes de algunos robots.

inalámbrico
Se dice del tipo de tecnología mediante la cual se envían datos desde o a una máquina o robot sin usar una conexión física.

ingeniero en robótica
Ingeniero especializado en fabricar o estudiar robots.

inteligencia artificial
Imitación de inteligencia demostrada por programas informáticos y máquinas.

interfaz
Dispositivo mediante el cual pueden comunicarse dos sistemas o un humano y un robot. Los controles remotos y las pantallas táctiles son ejemplos de interfaces.

internet
Una inmensa red global creada con billones de ordenadores conectados.

láser
Dispositivo que emite un rayo de luz coherente. A veces el término se usa para designar el propio rayo de luz.

lateral
Referido a los lados de algo.

led
Acrónimo de «diodo emisor de luz». Un led brilla cuando se le aplica voltaje.

lenguaje de programación
Conjunto formalizado de palabras y símbolos que permite a una persona dar instrucciones a un ordenador.

LiDAR
Acrónimo de «detección y medición de distancias por luz», que consiste en enviar rayos de luz para medir la luz reflejada en los objetos sólidos. Algunos robots lo usan para detectar objetos en su entorno.

longitudinal
Referido a algo que corre de extremo a extremo, no de lado a lado.

luz infrarroja
Tipo de luz que se encuentra justo debajo del espectro de luz visible para el ojo humano. Algunos robots la usan para orientarse o comunicarse.

máquina
Objeto artificial que funciona con energía y se usa para llevar a cabo una tarea.

MAV
Acrónimo de «microvehículos aéreos», un VANT (vehículo aéreo no tripulado) en miniatura.

mecánico
Operado por una máquina o referido a una máquina o máquinas.

microcontrolador
Dispositivo de control que contiene un microprocesador.

micrófono
Dispositivo que capta ondas de sonido y las convierte en una señal digital que puede ser amplificada, transmitida o grabada.

microprocesador
Parte de un ordenador que controla la mayoría de sus operaciones. También llamado CPU.

módulo
Sección autónoma de un robot o de un programa. Los módulos pueden diseñarse y probarse por separado y después unirse para formar el producto terminado.

monitor
Pantalla usada para mostrar datos informáticos.

motor
Dispositivo que convierte electricidad en movimiento. Los robots se mueven mediante motores.

nanorrobot
Robot tan pequeño que es solo visible con un microscopio. Aún no se ha fabricado ningún nanorrobot, pero se están explorando técnicas para hacerlos posibles.

navegación
El proceso según el cual un ser humano o un robot se da cuenta de forma precisa de dónde se encuentra y planea una posible ruta.

neumática
Se dice del fenómeno del aire que se mueve bajo presión en un espacio limitado. Los sistemas neumáticos se usan para mover las partes de algunos robots.

neumático
La parte gruesa de la rueda de un robot que se agarra al suelo o a otra superficie.

nube
Término usado para los ordenadores especializados que proporcionan servicios a través de internet, como por ejemplo archivos de almacenamiento.

ordenador
Dispositivo electrónico que manipula datos.

palanca de mando
Una pequeña palanca que se usa para controlar una máquina.

piezoeléctrico
Se dice de algo que produce una carga eléctrica bajo presión.

placa base
El lugar donde se conectan diversas partes de un ordenador. La placa base contiene el CPU (unidad de proceso central), la memoria y otras partes, y es donde van conectados los sensores que reciben datos del exterior.

portátil
Se dice de algo que es fácilmente transportable.

programa
Colección de instrucciones que realizan una tarea específica cuando las ejecuta un ordenador.

programación
El proceso de dar instrucciones a un ordenador.

propulsor
Dispositivo mecánico que se usa para impulsar. Un propulsor consiste en un eje giratorio con dos o más palas instaladas.

prótesis
Parte artificial del cuerpo que reemplaza una parte perdida, como un brazo o una pierna.

radar
Acrónimo de «medición y detección de distancias por radio», un sistema que conlleva enviar ondas de radio y medirlas cuando rebotan en cuerpos sólidos. Algunos robots lo usan para detectar objetos de su entorno.

reactor
Pequeño motor en un cohete o nave espacial, o bien el propulsor secundario en un barco o en un vehículo submarino, que se utiliza para hacer pequeñas alteraciones en la posición o trayectoria del vehículo.

reconocimiento facial
Habilidad de un robot para recordar rostros humanos o para responder a las expresiones faciales humanas.

red
Grupo de dispositivos conectados que comparten recursos y datos. Las redes se clasifican según su tamaño o su topología (disposición).

red neuronal
Cerebro artificial hecho de un gran número de células nerviosas eléctricas, a menudo simuladas por ordenador. Las redes neuronales pueden realizar trabajos difíciles, como reconocer caras.

robot
Máquina móvil programada por un ordenador para realizar diferentes tareas. La mayoría de los robots pueden percibir su entorno y poseen la capacidad de responder a este de manera autónoma.

robot androide
Robot que imita de forma convincente a un ser humano vivo, en lugar de ser tan solo humanoide. De momento, los androides existen solo en la ficción.

robot biomimético
Robot cuyo diseño está inspirado en algún aspecto del mundo natural, como plantas o animales.

robot bípedo
Robot que usa dos patas para desplazarse.

robot blando
Robot hecho con materiales blandos y maleables en lugar de con materiales duros y rígidos.

robot colaborativo
Robot diseñado para trabajar junto con humanos. Los robots colaborativos necesitan normalmente altas medidas de seguridad para no hacer daño a los humanos con los que deben trabajar. Conocido también como cobot.

robot comestible
Robot que puede llevar a cabo una tarea en el interior de un ser humano o de un animal tras ser tragado por este y cuyas partes después se disuelven inocuamente. Aún no se ha desarrollado ningún robot por completo comestible.

robot de asistencia médica
Robot que realiza una tarea o tareas para ayudar a un usuario con discapacidad. A veces se usa para referirse a los robots que ayudan en las operaciones quirúrgicas.

robot de ayuda doméstica
Robot que ayuda a su usuario a llevar a cabo las tareas del hogar. Algunos de estos robots están diseñados para que los utilicen personas que tienen discapacidades.

robot de enjambre
Robot pequeño que posee su propia inteligencia y puede actuar de forma autónoma pero también como parte de un grupo de robots similares.

robot de trabajo
Robot diseñado para llevar a cabo tareas en lugar de seres humanos.

robot dirigido
Robot controlado por completo o en parte por un ser humano. Los robots dirigidos nos son verdaderos robots, pues no tienen el suficiente nivel de autonomía.

robot doméstico
Robot diseñado para trabajar en los hogares de los seres humanos.

robot espacial
Robot diseñado para explorar planetas, lunas y otros objetos fuera de la Tierra.

robot humanoide
Robot con un rostro o cuerpo diseñado para que sea similar al de un ser humano. Los robots humanoides suelen tener cabeza y brazos y, a veces, también piernas.

robot industrial
Robot que trabaja en una fábrica fabricando cosas. La mayoría son solo simples brazos que se pueden mover en distintas direcciones y usar una variedad de herramientas. La mayoría de los robots que existen en el mundo son robots industriales.

robot serpiente
Tipo de robot que consiste en un cuerpo largo y flexible que se mueve como una serpiente.

robot social
Robot diseñado para interactuar y conversar con seres humanos.

rotor
Parte de una máquina que gira sobre un eje central. Los rotores se usan sobre todo para elevar un vehículo aéreo, pero también se usan en los giroscopios.

róver
Robot diseñado para desplazarse en un planeta remoto y explorar el paisaje, tomar muestras y hacer mediciones.

sensor
Componente de un robot o de una máquina que recoge información de su entorno, como los ojos o una cámara. Hay muchos tipos de sensores.

sensor de proximidad
Sensor diseñado para medir distancias muy pequeñas entre un robot y un objeto.

simulación
Modelo informático de algo. Las simulaciones robóticas permiten a los operadores entender, en un entorno seguro, cómo serán comprendidas y ejecutadas las instrucciones que quieren darle al robot.

SO
Acrónimo de «sistema operativo». Software que maneja los recursos de hardware y software de un ordenador y le facilita su uso.

software
Sistema operativo, programas y firmware que permite al usuario acceder al hardware de un ordenador.

sónar
Acrónimo de «detección y medición de distancias por sonido», un sistema que consiste en enviar ondas de sonido y medirlas cuando regresan tras rebotar en objetos sólidos. Algunos robots lo usan para detectar objetos en su entorno.

sumergible
Se dice de un vehículo diseñado para operar bajo el agua.

tableta
Tipo de ordenador portátil en el que se introduce información principalmente a través de una pantalla táctil y produce información sobre todo a través de aplicaciones.

táctil
Relacionado con el sentido del tacto. Un robot puede ofrecer información táctil en forma de vibraciones o de resistencia física.

terminal de aprendizaje
Dispositivo digital que se usa para dar instrucciones a un robot o programarlo para que realice una tarea. Normalmente está conectado al robot de alguna manera.

test de Turing
Test creado por el matemático inglés Alan Turing que sirve para evaluar si una máquina puede ser considerada inteligente.

transductor
Dispositivo que convierte variaciones en una cantidad física, como presión o luminosidad, en una señal eléctrica, o viceversa.

transistor
Pequeño dispositivo que se usa para amplificar o activar una corriente eléctrica. Los transistores son los ladrillos de los chips informáticos.

transmisor
Algo que genera una señal y la envía.

trilateración
Método usado por un GPS para determinar una localización. Consiste en que el dispositivo de GPS recibe la localización y los datos temporales de tres satélites de GPS y después usa la información para señalar exactamente dónde se encuentra.

unidad de procesamiento central (CPU)
Parte de un ordenador que controla la mayoría de sus operaciones. Conocido también como microprocesador.

VANT
Acrónimo de «vehículo aéreo no tripulado», vehículo aéreo controlado a distancia o por un ordenador de a bordo.

ÍNDICE

AGRADECIMIENTOS

Dorling Kindersley agradece su asistencia en la realización de este libro a: Tony Prescott, Michael Szollosy, Jonathan Aiken, Daniel Camilleri, Michael Port, Giovanni Reina, Salah Talamali y Natalie Wood, del laboratorio de robótica de la Universidad de Sheffield, Reino Unido; Priyanka Kharbanda, Smita Mathur, Sophie Parkes, Neha Ruth Samuel y Vatsal Verma, por su asistencia editorial; Mansi Agarwal, Priyanka Bansal, Kanupriya Lal, Arun Pottirayil y Heena Sharma, por las ilustraciones; Katie John, por la revisión del texto; y Helen Peters, por el índice.

Créditos de las ilustraciones

Los editores agradecen a quienes se menciona a continuación que hayan dado su permiso para la reproducción de las fotografías:

(Clave: a: arriba; b: bajo/abajo; c: centro; i: izquierda; d: derecha; s: superior)

1 The Ripper Group International: (c). **2-3 © Engineered Arts Limited:** (c). **4 Alamy Stock Photo:** Aflo Co. Ltd. (bd). **5 Dorling Kindersley. Marsi Bionics. 6 Dorling Kindersley. Festo. 7 Dorling Kindersley. NASA:** JSC (bi). **8 Dorling Kindersley. 10-11 Alamy Stock Photo:** dpa picture alliance (c). **12 Alamy Stock Photo:** Chronicle (bi); ZUMA Press, Inc (bc). **Dorling Kindersley. Getty Images:** baranozdemir (bd). **13 Dorling Kindersley. Rex by Shutterstock:** Tony Kyriacou (bi). **14 Rex by Shutterstock:** Carnegie Mellon University (sd). **Rotundus AB:** (cd). **14-15 Festo. 15 Dorling Kindersley. Getty Images:** Monty Rakusen (si). **NASA:** JPL (cd). **16 Alamy Stock Photo:** Malcolm Park editorial (bi). **Rex by Shutterstock:** Cardiff Univeristy / Epa (ci). **16-17 Alamy Stock Photo:** World History Archive (sc). **17 123RF.com:** tomas1111 (bc). **Alamy Stock Photo:** North Wind Picture Archives (bi). **18 akg-images:** Eric Lessing (si). **Alamy Stock Photo:** INTERFOTO (bi). **18-19 Rex by Shutterstock:** Everett Kennedy Brown / EPA (c). **19 akg-images:** (sd). **Alamy Stock Photo:** Granger Historical Picture Archive (cd). **20-21 Getty Images:** Bettmann (bc). **20 Alamy Stock Photo:** Art Collection 3 (sc). **Getty Images:** Historical (ci); Science and Society Picture Library (c). **21 Alamy Stock Photo:** Granger Historical Picture Archive (sd). **Getty Images:** Andrew Burton (si). **22-23 Alamy Stock Photo:** Paramountn Pictures (c). **22 Alamy Stock Photo:** Chronicle (si); World History Archive (ci). **Rex by Shutterstock:** Universal History Archive / Universal Images Group (sc). **23 Alamy Stock Photo:** AF Archive (bd); Everett Collection Inc (cd). **Dreamstime.com:** Mark Eaton (sd). **24-25 Alamy Stock Photo:** Aflo Co. Ltd. (bc). **24 123RF.com:** Alexander Kolomietz (bi). **Getty Images:** The Washington Post (si). **25 Dorling Kindersley:** Richard Leeney (bc/ball). **Marsi Bionics:** (cd). **Rimac Automobili:** (si). **26 ABB Ltd.. Dorling Kindersley. Leka:** (ci). **NASA:** JPL (bi). **27 ASUS:** (cd). **Dorling Kindersley. Festo. Getty Images:** David Hecker (si); Chip Somodevilla (sd). **Marsi Bionics. 28 ASUS. 29 ASUS. 30-31 Dorling Kindersley. 32-33 Cortesía de Boston Dynamics. 32 Cortesía de Boston Dynamics. 33 Cortesía de Boston Dynamics. 36-37 Marsi Bionics. 36 ReWalk Robotics GmbH:** (bi). **37 Marsi Bionics:** (sc). **38 Dorling Kindersley:** Dreamstime.com / Prykhodov (si). **38-39 ASUS. 39 Dorling Kindersley. 40 iRobot:** (cd). **The Kobi Company:** (si). **Pillo Inc:** (bi). **41 iRobot. 42-43 HOOBOX Robotics:** (todas las fotos). **44-45 Anki. 44 Anki. 45 Anki. 48-49 Leka:** (todas las fotos salvo la tableta abajo a la izquierda). **48 Dorling Kindersley. 50-51 Dorling Kindersley. 52 Dorling Kindersley. 52-53 Dorling Kindersley. 53 Getty Images:** Bloomberg (bi). **54-55 Dorling Kindersley. 58-59 Getty Images:** 3alexd (c). **58 Intuitive Surgical, Inc.. 59 Intuitive Surgical, Inc.:** (bd). **60 Cobalt Robotics:** Gustav Rehnby (ci, bi). **OC Robotics:** (cd). **60-61 Stanley Robotics:** (sc). **61 iRobot. Rotundus AB. Simbe Robotics Inc:** (ci). **64-65 Dorling Kindersley:** (todas las fotos). **66-67 Dorling Kindersley. 68-69 Dorling Kindersley. 70-71 Dorling Kindersley. 72-73 Piaggio Fast Forward:** (todas las fotos). **76-77 Dorling Kindersley. 76 Dorling Kindersley. Getty Images:** David Hecker (si). **78-79 Dorling Kindersley. 80-81 Matthew Shave for Stylist Magazine:** (c). **81 Rex by Shutterstock:** Ken McKay / ITV (cdb). **Matthew Shave for Stylist Magazine. 82 © Engineered Arts Limited:** (bi). **Swisslog Healthcare:** (si). **Waseda University., Tokyo, Japan:** Atsuo Takanishi Lab. (c). **83 Compressorhead:** (si). **Rex by Shutterstock:** Aflo (c, bd). **Toyota (GB) PLC:** (bi). **84-85 ABB Ltd.:** (c). **84 Getty Images:** AFP (bi). **85 Getty Images:** Haruyoshi Yamaguchi / Bloombert (bd). **86-87 Moley Robotics:** (todas las fotos). **88-89 Dorling Kindersley. 90 Dorling Kindersley. 90-91 Dorling Kindersley. 91 Getty Images:** BSIP / Universal Images Group (sc). **92-93 Dorling Kindersley. 94-95 MegaBots, Inc:** (c). **94 MegaBots, Inc. 96 Dorling Kindersley. 96-97 Dorling Kindersley. 97 AIST:** (sd). **Rex by Shutterstock:** APA-PictureDesk GmbH (bd). **98-99 Festo. 100-101 Farady Future. 100 Farady Future. 101 Farady Future. 102-103 Festo. 104-105 Teddy Seguin:** © Osada / Seguin / DRASSM (c/ imagen del robot principal). **105 Teddy Seguin:** © Osada / Seguin / DRASSM (bd). **108-109 Festo. 109 Festo. 110-111 Festo:** (c). **112-113 Harvard John A. Paulson School of Engineering and Applied Sciences:** (todas las fotos). **114 Cortesía de Boston Dynamics:** (ci). **Johns Hopkins University Applied Physics Laboratory:** (bd). **SRI International:** (sd). **115 National Oceanography Centre, Southampton:** (sc). **RSE:RobotsISE.org. Stanford News Service. :** Linda A. Cicero (bd). **116-117 Festo:** (todas las fotos). **120-121 Eelume AS:** (todas las fotos). **122-123 Eelume AS. 124-125 Festo. 128 Harvard John A. Paulson School of Engineering and Applied Sciences. 128-129 Harvard John A. Paulson School of Engineering and Applied Sciences. 129 Harvard John A. Paulson School of Engineering and Applied Sciences. 130-131 NASA:** JSC (c). **132-133 NASA:** JPL (c). **133 NASA:** JPL (c). **136-137 The Ripper Group International:** (c). **136 The Ripper Group International. 138-139 HANKOOK MIRAE TECHNOLOGY, www.k-technology.co.kr. 138 Getty Images:** Chung Sung-Jun (ca). **HANKOOK MIRAE TECHNOLOGY, www.k-technology.co.kr:** (si). **140 Lockheed Martin:** (sd). **Massachusetts Institute of Technology (MIT):** Underworlds is a project by the MIT Senseable CIty Lab and Alm Lab (ci, c, bc). **USC Institute for Creative Technologies:** (bd). **141 Farshad Arvin:** (bc). **DVIDS:** Sgt Cody Quinn (sd). **142-143 Sarcos:** (todas las fotos). **144-145 Carnegie Mellon University. 146-147 Carnegie Mellon University:** (c). **150-151 NASA:** JSC (c). **150 NASA:** JPL (bd)

Resto de las imágenes © Dorling Kindersley
Para más información ver:
www.dkimages.com